伸びる新人は「これ」をやらない!

[著] 冨樫篤史 株式会社識学 主席研究員
[監修] 安藤広大 株式会社識学 代表取締役社長

すばる舎

はじめに

本書は、人の意識構造に基づいた組織理論である「識学」をベースに、新人社員や一般社員向けの心構えや仕事術を解いた本です。

筆者である冨樫篤史は、これまで主に組織のトップや上級管理職を対象として、識学の原理原則をお伝えし、企業のパフォーマンスを向上させるお手伝いをしてきました。その過程では、幸いにも非常に多くの支持を得ることができました。

ところが、同時に経営者の皆さまから、このような声をいただくことが多くなってきました。

「識学は、経営者や管理職だけでなく、一般社員の意識改革にも寄与できるはずだ」

こうした、いわば「マーケットの声」を反映し、近年は新卒や一般社員向けにも研修コンテンツを開発して、サービスの提供を行っています。

この本は、実際に私が行っているそれらの研修メッセージの一部を、わかりやすく一冊のビジネス書籍としてまとめたものです。

「得」か「損」かで考えるべき

あらかじめ断っておきますが、この本を手にとってくれた「新人」の皆さんは、読了後、本書で述べられている内容に反感を抱くことが多いと思います。

世の中で一般的にいわれていることや、「インフルエンサー」などの有名人が強調していること、あるいは、いま実際に勤めている会社内でこれまで「常識」とされてきたことなどとは、まったく逆になっている主張も多くあるだろうと思われるからです。

しかしながら、直感的に「おかしい」「イヤだな」と反応するのではなく、いったんは立ち止まって、「得」か「損」かを冷静に判断してほしいと思います。

ここでいう「得」か「損」かを判断するとは、「結局のところ、どのような立ち振る舞いやスタンス、姿勢、考え方をすれば、新人の自分が会社から最大のリターンを引き出せるのかを考える」ということです。ぜひ、このような視点で、本書を読んでみてください。そうしてもらえれば、必ずや得るものがあると保証できます。

物事は、現在の視点だけで判断しないほうが賢明です。現在のすべては、未来へとつながっているからです。

いまだけを見て考えれば、Aのほうが得だし、ラクだし楽しい。あるいは正しいように見えるかもしれません。しかし未来に目を向けたら、実はAよりもBのほうが最終的なリターンは大きくなる、という状況は十分にあり得ます。この点をぜひ意識して、冷静に本書の内容を見極めてほしいと思います。

すべての社会人が、かつては「新人」だった

本書はタイトルのとおり、いま現在、社会人としてのスタートを切ったばかりの方々を対象に書いています。ただ考え方によっては、いま社会人の方は全員が、かつて「新人」だった時期を経験しています。そのため、実は中堅層の皆さまにも、読んでいただきたいと思っています。

本書のベースとなっている識学は、「人の意識構造にアプローチする理論」です。つまり、人間の思考パターンのメカニズムを明らかにしようとする理論です。

社会人の初期の段階で、この思考パターンがあるべきところからズレた状態でセットされたまま、時間だけが経過している人は少なくありません。そういう方が本書を読めば、

これまでの「損をする」考え方を客観視でき、見直すためのきっかけにできます。

ぜひ、自分の働き方やビジネスマインドを棚卸しする意味で、読んでいただきたいと考えています。

「金の卵」化する新人

そして本書は、新人を教育・育成する責任を負っている管理職や経営者の皆さんにも、ぜひとも読んでほしいと思っています。

昨今、人手不足によって組織パフォーマンスの維持や成長が困難になるなか、いわゆる「新卒」をはじめとした「若手」の獲得は、上位の経営課題として認識され、各社がその獲得競争にしのぎを削っている状況があります。

しかしながら、新卒の3年離職率が依然として3割前後の高率に維持されていることや、各社がうまく「新人」や「若手」を戦力化できていないことなど、現場からはお悩みの声が多く聞かれます。

時代によって、新人や若手の価値観や行動様式、思考パターンが変化することは否定できません。しかしながら、本当に彼ら新人の特性が原因で、その戦力化ができていないのでしょうか？

新人に向けて書かれた本書を通して、実はマネジメントする側も変化しなければならない、というヒントをたくさん得られると確信しています。

本書を通して、多くの方が自身の未来にコミットし、成長し、多くのリターンを得ていただけることを切に願っております。

令和元年　8月吉日　冨樫篤史

伸びる新人は「これ」をやらない！　もくじ

Chapter 1

伸びる新人は自分の立場を間違わない

伸びる新人の「ポジショニング」

Chapter 2

自分に求められていることを間違わない
伸びる新人は
伸びる新人の「集中力」

Chapter 3

伸びる新人は無駄に立ち止まらない
伸びる新人の「選択眼」

Chapter 4

伸びる新人は流行に流されない

伸びる新人が獲得する「他者評価と対価」

あくまでも身の丈にあわせて取捨選択する
情報発信される「強者の論理」
正しく「一人で生きる力」を身につけよう

Chapter 5

伸びる新人は何が危ないかを間違わない

伸びる新人の「恐怖のコントロール」

Chapter 1

伸びる新人は自分の立場を間違わない

伸びる新人の「ポジショニング」

01

伸びる新人は、会社内での「社員の立場」を勘違いしない

＼よくある誤解／

「この会社に入ってみて、はじめてわかったよ。学歴は立派でも、サラリーマンって実は役に立ちそうもない人が多いよね」

「この会社、ホントにやさしくていい人が多いですね。どこの部署に配属されても、自分のやり方で何でも実現できそうな気がする」

就職したとたん、あなたの立場はがらりと変わる

学生と社会人の違いはどこにあるのでしょう？　これは、就職活動（就活）でのグループ・ディスカッションや、入社後の新卒研修などでもあらゆる角度から話し合ってきた、いわば「使い古されたフレームワーク」です。しかし、ここではその違いをあらためて整理してみます。

新人の皆さんは、社会人になるまで企業と「どのような立場」で接してきましたか？　一番わかりやすいのは「消費者」の立場ですね。学生や社会人になったばかりの人では、「就活生」「内定者」といったワードが出てくるかもしれません。いずれも、立場としては「社外の人」です。しかし、新入社員として会社に入れば、皆さんの立場は「社員」や「労働者」へと大きく変わります。企業に対するあなたの立場は、時間や状況に応じて変化していくのです。

そして、就職活動から入社後の研修まで皆さんと非常に近い立場で接してくれる人事の諸先輩方もまた、新人の皆さんの立場の変化に対応しながら仕事をしています。

たとえば、入社まではとてもやさしく接してくれていた人事の諸先輩方が、入社後は急に厳しく接してくるようになった、なんてことはないでしょうか？　これも、皆さんの立

場が変わったことによる状況の変化です。

皆さんが入社するまでは、人事は皆さんを「お客さま」と考え、同時に自社を売り込む「採用者」という立場にいます。ですから、自社を気に入ってもらうために、努力を惜しみません。人事の担当者は「一定数の新人に自社のことを気に入ってもらい、入社してもらう」という責任を負っているからです。

しかしその後、時間の経過とともにお互いの立場は変化し、入社後は180度変わってしまうといってもいいでしょう。いかに素早く、新人に戦力として成長してもらうか――人事担当者は「育成者」という立場になるため、ときに厳しいスタンスで皆さんに接することもあるのです。

「誰が、誰を評価するのか」その方向が変わる

では、新人の皆さんと企業との立場が変化したとき、皆さんはどのような点に注意すべきでしょうか？　言い換えると、会社と自分との関わりという観点で、学生と社会人は何が違うのでしょうか？　それは、「評価の方向」とでもいうべきものです。

新人の皆さんは、就職活動で面接を受けて社会人になるまでは、会社を「評価する」立

場にいました。「あの会社は厳しい」「この会社はいい加減」などと評価して、いっこうにかまわない立場です。ところが、就職活動を経て社会人になった瞬間に、新人の皆さんは逆に会社から「評価される」立場になります。この点を勘違いしてはいけません。

特に現在の労働市場は売り手市場であるため、ほとんどの新人は〝お願いされて〟入社してきます。このため新入社員になってからも、評価される立場になったことに気づかずにいてしまう勘違いがよく起こります。

この立場の変化にいち早く気づけるかどうか、これが「伸びる新人」になれるかどうかを分ける最初の重要ポイントです。

この対応が正しい

新入社員としてこの会社に入ったからには、自分が会社を評価するのではなく、常に会社から評価される立場にあることを自覚するようにします。その「当事者意識」の切り替えは、きちんとできています！

02

伸びる新人は、安易に自分の会社の悪口をいわない

＼よくある誤解／

「ウチの会社、ダメだと思う。若手や女性を伸ばそうっていう気概も仕組みもない」

「ウチの会社、やばくない？　斜陽産業なんだから、もっと大胆な戦略でいかないと……」

会社を評価することで被る実害

「この会社、ダメじゃん」「この会社、○○がイケてない」「この会社、○○がまったくない」……同期や学生時代の友だちとの間で交わされる、入社したての頃のありがちな会話ですね。新入社員の皆さんが、自分の立場が会社を評価する側から、評価される側に変わったことに気づかずにいると、このような発言が繰り返されることになります。

しかし、社会人になったからには、こうした会話を交わしていると大きなデメリットが生じかねないことを理解するようにしましょう。

会社に入社するとはどういうことか？　その会社に入った瞬間に、新人の皆さんは会社の一員・一部になるということです。どんなに大きな会社であっても、小さな会社でも、この事実は変わりません。社外の人にとっては、「△△会社の○○さん」です。

ですから、「ダメじゃん、この会社」などといっている時点でアウト！　自分の立場を正しく理解できていないことになります。

なぜ、アウトなのか？　もう少し詳しく述べておきます。

あなたは自分の地元だったり出身校だったり、過去に所属したコミュニティの悪口ばかりを吹聴している人を信用できますか？

あるいは、就活中の会社説明会で、その会社の社員が、自分の勤めている会社を批判ばかりしていたら、その会社に入りたいと思いますか？

――なかなかむずかしいはずです。「コミュニティとそこに属する個人を〝一体〟として見る」ことが、人間の一般的な意識構造だからです。一体なのですから、自分の属している会社を「ダメじゃん、この会社」といっている時点で、実は自分自身の評価も下げているのです。

伸びる新人は、このようなことは絶対にしません。むしろ自分の言動やパフォーマンスによって、新人ながら、いかに会社の社会的な評価を上げていくかを常に考えているものです。

なぜ、新人は会社を評価してはいけないのか

別の視点でも、組織という枠組みのなかで「なぜ、新人は会社を評価してはいけないのか」、また「評価できる存在ではないのか」、その基本的な〝理屈〟を考えてみましょう。

まず、会社という存在は「世の中」の評価を獲得しなければ存続できません（ここでいう「世の中」とは、市場や顧客のことだと考えてください）。では、会社が世の中の評価

を獲得するには、どういう「機能」が必要でしょうか？　これは「それぞれの会社が商品やサービスを正しく提供し、評価を得る」という機能になります。会社は、存続するためにその機能を果たしていく必要があります。

「機能を果たすこと」と「世の中の評価を獲得すること」。この確立された関係のなかで、会社は個々の社員に求める「機能」を設定し、それにより会社全体としての機能を果たそうとします。そして同時に、「それぞれの社員がその機能を果たしているかどうか、またどのように果たしているのか」を評価する「権限」をもつことになります。なお、「評価する権限をもつ」ということは、「評価に責任を負わなければならない」ということも意味します。

評価は責任をともなう

では、逆に会社の社員は、会社全体を評価することに関して何か責任をとることができるでしょうか？

それはできませんし、実際に責任をとることもありません。

当然の起結として、「社員は会社を評価する権限はもっていない」ということになるわけです。

新人の皆さんも社員の一人ですから、皆さんには自分が勤める会社を評価する権限はありません。これは、先輩社員や上司についても同じです。

繰り返しになりますが、入社して立場が切り替わったことで、自分が有している権限も変わったことにいち早く気づくことが重要です。会社のグチばかりいっていると、そのぶん自分の評価も下がってしまいます。

この対応が正しい

会社を批判したり評論したりしても、自分にとって得なことは何もありません。新人は、会社全体に対して責任を負わない、つまり評価する権限がない、という認識をもち、これからは会社の社会的評価を上げるような言動に集中するようにします。

03

伸びる新人は、上司をあれこれ評価しない

＼よくある誤解／

「ウチの部署の上司は、結論はしっかりいうけど、どこか言葉足らず。誤解されやすいタイプだよね」

「君の部署の上司はどう？　ボクは正直、『自分よりデキのよくない上司』の下にはいたくない。これはボク一人の意見じゃなくて、新人は皆同じ気持ちだよね」

新人のあなたは、上司を評価する立場にはない

「あの上司の下では働けない」

「あの上司は優柔不断すぎるよ」

「お前のところの上司は、意思決定が適切だよな」

私にも経験がありますが、新人は、とかく自分の直属の上司が優秀であるかどうか、また仕事が速いかどうか、責任感をもって仕事をしているかどうかなどについて、評価をしがちです。

ところで、いっとき「新卒配属ガチャ」という言葉が話題になりました。新卒で入社して配属される部署の上司がどんな人になるかを、ソーシャルゲームのコア機能である「課金ガチャ」になぞらえたものです。「ガチャでいい上司を引いた」「新卒配属ガチャでイマイチな上司を引いてしまった」などと使うようです。新人は配属が決まると、自分では選べない直属の上司の能力によって、自分の成長や将来がある程度決まってしまう——という意味でしょうか。

確かに、同期の同僚の上司のほうが、自分の配属された部署の上司よりも魅力的に見えたりすれば、新人が上司の悪口をいいたくなる気持ちもわからないではありません。新人

の頃、私自身にも同様の気持ちがありました。

しかし、はっきりいうと、新人の皆さんは自分の上司を評価する立場にはなく、評価している場合でもないのです。

意識が外に向いていると、成長できない

なぜ、新人の皆さんは自分の上司を評価している場合ではないのか？ それは、自分の上司を評価する新人は、その評価をしている間、本来するべき成長が確実に停止してしまうからです。

新人が上司を評価しはじめると、新人がもつべき「自分の足りないところを知る」という機能がシャットアウトされます。

上司を評価する思考状態で仕事をしている間は、意識は自分の責任には向かず、上司という外部環境のほうに向いています。その間、「自分の不足を知り、成長につなげる」という機能が発揮されず、成長できなくなってしまうのです。

まだ熟練の域にはほど遠い皆さんが会社からのリターンを最大化するには、成長するしかありません。しかし、評価する側にい続けようとする思考があると、自分の不足を知

り、成長につなげるという「成長」の機能が大きくそがれてしまうのです。

チームの結果責任は誰にある？

責任と権限という視点からも、この問題を考えてみましょう。

仮に、あまりデキのよくない上司がいたとして、その上司が率いるチームが負けたとき、そのチームにいる部下の評価は下がるでしょうか？　一つの例外を除いて、部下の評価が下がることはありません。その例外とは、部下が上司に反発し、その上司に従わなかったときです。この場合は、部下が上司に従わず、いわば勝手にやって失敗したのですから、その部下の評価が下がって当然でしょう。しかしそれ以外のケースでは、チームが負けたときの責任は、すべて上司が負うというのが「組織」のルールです。

そうした「結果責任」を負う上司を、新人が評価してよいかどうかは明らかですよね。「評価してよい」という答えはあり得ません。責任を負う者に権限がある――この責任と権限の原則から考えて、チームの結果責任を負っている上司にこそ、チームの方針やルールを設定し、それに基づいて評価を行う権限が与えられているのです。

逆に、チーム全体の責任を負わない部下には、上司の意思決定を評価する権限はないということです。

加えて、多くの場合、部下の立場では上司の指示が正しいかどうかを判断できません。そもそも部下・新人は、上司を正しく評価するための材料（知識や経験）をもちあわせていないからです。上司の指示を評価するだけのリテラシーがないともいえます。

こうした視点から考えても、やはり新人には上司を評価できず、するべきでもない、という結論が導かれます。

好き嫌いの評価もただのロスタイム

新人が行う上司についての評価では、その実力や能力ではなく、いわゆる好き嫌いに関する部分での評価もあるでしょう。単純に「うっとうしい」とか、「雰囲気がイヤだ、嫌い」「えこひいきする」といった評価です。

これらの好き嫌いに関する評価については、上司に対する感情を、業務にもち込むことによって生じるデメリットをよく理解しておくべきでしょう。負の感情によって集中力が散漫になっている時間を積み重ねると、その時間の累積は大きなロスタイムとなって、あなたの成長や生産性に悪影響を与える、というデメリットです。

ただし、単純な好き嫌いではなく、その感情が生じる理由にいわゆるハラスメントの類が入っている場合は例外です。

新人は直属の上司の指示に従い、全力で上司からの評価を獲得しなければならない立場にあり、上司はさらに上の立場、自分の上司からの評価を獲得するために、責任をもって新人に指示を出さなければならない立場です。

ところが、その関係を踏み外し、上司が新人に対してパワハラやセクハラを行ったときには、新人はそれでも上司の評価を獲得しなければならないのでしょうか？　その答えは、明らかに「否」です。

そういう場合には、社内のしかるべき部署に速やかに通報し、対応してもらわなければなりません。

自分より能力が低い上司の下に配属されたら？

ところで、新人の皆さんの気持ちとしては「自分より能力が低いと思えるような上司の下では働きたくない」といった素朴な気持ちもあるかもしれません。しかしその場合でも、その会社の新人である限りは、「自分より能力が低いと思えるような上司」からの評価を獲得するよう、全力を尽くすことが大切です。

いま、この瞬間には、その「自分より能力が低いと思えるような人」があなたの上司なのです。これは逃れようのない事実です。

もし、そうした実力差が本当にあるとしても、そのときには、新人は上司から「私より、はるかに優秀だ」と最高レベルの評価を獲得できるよう全力を尽くすことが重要です。新人として、上司から圧倒的に高い評価を得られるようがんばりましょう！

なお、新人が上司に対して「自分より能力が劣る」と考える原因が、「上司の指示があいまい」「思いつきで評価が変わる」といったことであれば、新人としては、上司が「いま何を求めているのか」「いつまでに何をしてほしいと思っているのか」を自分から確認しにいくことが、高い評価を獲得するためのコツとなるはずです。

役職の高低と、経験・知識・能力が比例するとは限らない

新人が上司を評価してしまう思考の根底には、上司はあらゆるテーマで「自分の知識・経験を上回っていなければならない」、もしくは「上回っている人が上司であるべきだ」という〝先入観〟が根強くあるのかもしれません。

しかし、これは大きな誤りです。この考えが本当に正しければ、たとえば「経理や財務に関する知識・技能では社長を上回っている経理財務部長は、経理財務部長ではなく社長という役職にあるべきである」といったおかしなことになってしまいます。

会社を枠組みとして捉えると、その枠組みのなかで、新人のほうが上司より頭がよく能力が高いという状況はいくらでもあり得ます。しかし、だからといって部下が上司を評価したり軽んじたりするのはルール違反である、ということを理解しておきましょう。

この対応が正しい

上司についてグチをいいたくなることはあります。しかし、上司を評価していると成長の機会を失うと感じました。上司と私とでは、もっている情報や経験が異なりますし、好き嫌いを論じている時間はロスタイムですね。上司についてあれこれいうことの無意味さを理解しました。

04

伸びる新人は、業務について勝手に自分でOKを出さない

＼よくある誤解／

「私って、自分で納得できないと先に進めないタイプじゃないですか？　時間はかかるけど、そのほうがいいものができると思うんですよね」

「昔から『君のいうとおりにやると間違いがない』とよくいわれたんですよ。だから、自分なりによかれと思うスタイルで、どんどん仕事を片づけていこうと思います」

物事は他者評価で進行する

たとえば4人の同僚が集まって、今日、飲み会に行く店を決めようというとき、店側の自己評価を基に、どの店に行くかを選ぶでしょうか？　そんなことはあり得ず、たとえば4人の同僚がこれまでに行った店のなかから、それぞれの店を評価した上で、どの店が一番いいかを選択するはずです。

店側から見ると、これは4人の同僚の「他者評価」によって選ばれたということです。評価には、自己評価と他者評価の二つが存在します。ところが、この二つの評価は一致するとは限りません。むしろ、一致しないケースのほうが多いです。そして、一致しない場合は、他者評価が基準になって、物事（この場合はお店の選択）が進行していきます。

ラーメン店の店主が「うちのスープは最高においしい！」という自己評価をしていても、お客さまが「おいしくない」という他者評価を下したら、本当に「おいしい」かどうかは、お客さまの「おいしくない」という他者評価が基準となります。

また、ミュージシャンが「われわれの音楽に時代がついてきていない」と自己評価しても、その事実がどの程度正しいかは聴衆という他者の評価に委ねられることになります。

つまり、「自己評価では対価を獲得できない」のです。

評価とは、「評して価値をつける」ということ。その評価する機能は自己でもつことはできません。これが、「評価」についての事実の仕組みです。

この仕組みを理解すれば、自己評価が他者評価と常に一致すると考えること、さらに、自己評価のほうを優先するということは、非常に危険な考え方であると理解できるでしょう。

自己評価と自己分析の違い

ちなみに、「自己評価」と「自己分析」は異なります。

自己分析とは、他者からの評価をみずから分析し、課題を設定し、次の行動につなげるためのものです。一方、自己評価とは、自分自身の評価を自分で確定させることです。

自己を分析する、すなわち自己はどのように他者から評価されているのかを分析することは、非常に重要です。ビジネスで対価を得るためには、他者評価と自己分析の間にあるギャップを埋めていかなければなりません。しかし、そのときにも、評価はあくまでも他者から下されるもの、という理解が必要です。

皆さんの会社の評価制度に「自己評価」の欄がある場合にも、その欄についての認識を誤ってはいけません。その欄は、「上司との評価のギャップを認識するためだけにある」と理解して、記入するようにしましょう。

上司の評価と自己分析とにズレが生じているとき、正しい認識のしかたは「自分の認識が甘かった」と思うことです。逆に「上司の評価が間違っている」と考えることは、してはいけないことなのだと理解してください。

自己評価を推奨する風潮は世の中のワナ？

「自分らしく」「多様性」「オンリーワン」などと、自己評価が成立し、自己評価で対価を得られるかのような論調が世の中には多くあります。これらが「他者の評価を気にせずに生きていこう」という価値観を生んでいる感すらあります。

しかし、他者の評価を気にせずに生きていける、ましてや自己評価で対価を得られるといったことはあり得ません。人は、常に他者から評価を受けて生きているからです。特に社会人になれば、なおさらです。皆さんは上司や会社、お客さまなど、他者からの評価のなかで生きています。

自己評価を優位にしたがる意識の裏側には、他者評価にさらされる「恐怖」があります。他者から評価されることが怖いために、自己評価の世界に自身の意識を集中させ、自己防衛しようとしているわけです。

しかし、先ほども述べたように、物事は他者評価によって進行するのが厳然とした「事実の仕組み」です。皆さんが伸びる新人になるには、「他者評価を受け入れ、自己成長につなげる」という意識が必要不可欠なのです。

求められている成果に向かわなければ、リターンは得られない

他者評価を気にせずに生きていると、結局のところ成長の機会も失うことになります。人の成長は、他者評価と他者から求められる水準の差分（ギャップ・ズレ・乖離）を認識して、はじめて実現します。他者の評価を受け、そのギャップを正しく認識できなければ、正しい成長ができないのです。

また、ここには〝落とし穴〟もあります。自分なりに判断したギャップ、つまり「自分の不足」を、自分なりの方法で埋めにいってしまうことです。

この〝自分なり〟という思考や行動も、自己評価の強い意識によって生まれています。確かにこのような対応法でも一定の成長はしますが、それが他者の、特に上司の求める成

長の方向性と合致していなくては、余計な時間を、余計な能力を身につけるのに使ってしまうことになりかねません。

「他者から求められている成果」に近づいていく成長でなくては、評価と連動しなくなってしまいます。ですから、自分の不足を埋めようとする際にも、必要以上に「自分らしさ」を求めるのではなく、他者、特に上司に求められている方向に、能力を伸ばすよう意識することを忘れないでください。

この対応が正しい

つい自分で自分を評価してしまいがちですが、「自分なりにがんばった」という自己評価は考慮されないんですね。上司のニーズを無視した「自分らしさ」が評価されることはなく、求められている方向に向かうことが正しい成長なのだ、と理解できました！

05

伸びる新人は、上司とはタメ口で話さない！

＼よくある誤解／

「課長！　そのやり方だとうまくいかないと思いますよ。皆モチベーションが下がっちゃうんで、やめたほうがいいっすよ」

「課長が厳しく指導しないから、同僚もつけ上がるんです。一度、飲みに行きませんか？　課長の奢りで。私がいまどきの若いやつらの扱い方をちょっとだけ教えてさし上げます」

距離感の近いマネジメントも、世の中のワナか？

社長が朝出社して、社員全員とハイタッチ！　最近はこのように、組織における人間関係の距離感が異常に近いマネジメントを採用している会社もあるようです。

上司と部下の間の距離感が近いことを、「よくない」と完全に否定するつもりはありません。しかし、新人が伸びるためには、上司も新人も、こうした組織風土を安易に受け入れてしまうのは考えものです。

上司のなかには、新人との距離を縮めて近い存在となり、「個人・一人の人間として好かれたい。頼られる存在になりたい」という考えをもっている人もいます。その気持ちが高じて、部下からの人気とり、ご機嫌とりによって、組織を管理・統制しようとする人もいるのでしょう。

しかし、それは通用しません。そうした上司は自分の上司からは何をもって評価されるのでしょうか？　上司は、さらに上の上司から、組織の「パフォーマンス（＝生産量）」とでもいうべき尺度で評価されます。「部下から人気があるかどうか」で評価されるのではありません。

新人の皆さんにとっては、短期的に気持ちがラクな上司は、距離感の近い上司のほうでしょう。しかし、長期的な視野で見たときには、高い要求を突きつけてくるくらいの厳しい上司のほうが皆さんにとってはよい上司です。そうした上司の下で働くほうが、結局は自分の成長につながるからです。

また、上司となれなれしくして上司との距離を縮めると、新人である自分が上司に気に入られることもあります。このとき、新人は「自分が会社のなかで高い評価を受けている」という錯覚を起こしがちなのですが、これも大いなる勘違いです。特に、会社で評価されている優秀な上司ほど、そんなことではあなたを評価しません。

親しさと評価は別の話です。上司は皆さんが会社にとって有益かどうかでシビアに評価をしています。新人が、上司との距離感が近いことに気を許してしまうと、この事実に気づきにくくなってしまうので危険なのです。

「周囲が認識している立場」を意識する

また、どんなにフラットな組織風土でも、上司に対してなれなれしい態度をとり続けていると、上司の意識のなかではあなたに対する評価が少しずつ低下していきます。

この場合のなれなれしい態度というのは、「○○さ〜ん！」といった呼び方や、上司との会話のなかに〝タメ口〟が混ざるとか、テーブルに肘をついて話す、足を組んで話すといった対応です。そのほかにも、職場での会話のなかで上司をネタにしてイジったりする、などの行為もあります。

そんな状態に直面すれば、上司側も表面上はオトナの対応で、笑ってすますことがほとんどでしょう。しかし心のなかでは、「こういう新人は扱いにくい……」「生意気なヤツだな」などと思っているものです。

なかには、「部下や新人と、ただ仲がよければいい」と考える上司もいるかもしれません。しかし、ほとんどの場合は、上司は違和感を覚え、しかも「新人が本来得られるはずの利益を失っている」といった感覚を抱いています。「上司を友だち扱いするなんて、損な選択をするヤツだ」と思っているのです。

上司の側でも、新人の皆さんのちょっとした言葉づかいや態度で、わざわざチーム内に波風を立てることはしたくないものです。しかし、新人のなれなれしい言動は、その新人に対する上司の評価を着実に下げてしまいます。このことは決して忘れないようにしてください。

この対応が正しい

上司との距離感が近い組織は居心地がいいけれど、それに甘えすぎてはいけませんね。まずは、周囲が期待している「新人像」に近づけるよう努力します。

06

伸びる新人は、社員同士で無駄に仲よくしない

＼よくある誤解／

「仕事が片づいていないけど、今日の同期会には行かないと。同期の間で仲間外れにされてしまいそうだし……」

「ランチはいつも同期で集まっていくことにしてるんです。社長だって、入社式のとき『新人同士、コミュニケーションを密にとって、会社を変えていってほしい』といってましたよ」

組織の「和」は生産性に寄与しない

　ここでいう「和」とは、人間関係がよい、単純に「仲がよい」といった意味です。どんな会社でも、「何か雰囲気あんまりよくなくて」とか、「ランチも何か楽しくなくて」などと感じられることはあるものです。

　しかし会社は、そもそも社員が仲よくするために集まっている場所ではありません。伸びる新人になりたいのであれば、この点を十分に理解し、仕事より「和」を優先しないようにしなくてはなりません。「チームに和がないから、力を発揮できない」などというのは、ただの言い訳です。

　これまでの人生で、部活動など集団で何かの目標に向かって努力した経験のない人にはイメージしにくいかもしれませんが、集団において、その構成員の仲がよい状態は、目標達成の「前提」や「条件」ではありません。あくまでも目標達成に向けた努力の「結果」として生じるものです。

　たとえば「会社」という集団であれば、成果を出すためには社員それぞれが与えられた責任を果たしながら、目標へと向かっていきます。その過程で徐々に信頼関係が生まれ、仲よくなっていくというのが正しい状態です。

「仲よくなる・ならない」の前に、与えられた責務を一生懸命に果たすこと。それこそが、社員同士が仲よくなるための最短ルートであり、逆ではありません。このような認識をしてください。

ギスギスしているのか、切磋琢磨しているのか

仲が悪いわけではないけれども、新人の目には、一見ギスギスしているように見える職場もあります。しかし、もしその状態が、それぞれの社員が自分の責任を果たすにあたって、必要以上のコミュニケーションをとっていないというだけなのであれば、実は何も問題はありません。それはただ単に、「チームのメンバーが切磋琢磨している状態」です。

お互いの職責をまっとうしようとする過程で、真剣であればあるほど社員同士がぶつかることもあります。ですから、その切磋琢磨している状態を「ギスギスしている」といっているのなら、まったく問題はないのです。

そして、ギスギスしているように見える状態のなかで仕事をしていても、組織全体がいったん目標を達成すれば、そのときにはその組織にはいままで経験したことがないような「仲のよさ」を感じられる状態が生じます。そういった組織こそが、機能的で生産性の

高いチームといえるでしょう。

結果的に得られる「仲のよさ」

学生時代に部活動の経験がある人なら、そのときのことを思い出してみてください。部活では、仲よくするための時間といったものは、通常まったく設けません。それでも、一緒につらい練習を乗り越えていったときに、結果的に、部活の仲間とは誰よりも仲がいい関係になったのではないでしょうか？

たとえば甲子園の常連校など強いスポーツチームでも、監督は選手たちに「仲よくしろ」という指導などしません。しかし、個々の選手が目標に向かって努力し、切磋琢磨する結果、自然とチームの絆が深まっていきます。

スポーツと会社は違うという意見もありますが、「目的をもって集合し、一人ひとりが役割・責任をまっとうすることで競争に勝つ」という意味では、スポーツのチームも会社も同じ組織です。会社でとるべき態度や行動についても、ある程度参考になるはずです。

このように、結果と「和」の関係では、結果が先で和は「結果のあと」にできるものです。仲のいい組織で働くことをそもそもの目的にせず、むしろ自分が結果を出すことで、チームの仲をよくすることをめざすようにしてください。

この対応が正しい

1日の大半をすごす職場ですから、人間関係はよいほうがいい。でも、「和」で目的が達成されるわけではありませんよね。ギスギスしているように見えるのも、真剣に職責をまっとうしようとしている証拠なのかも……。自分の責任に集中し、成果を得ることで和が生まれるのだと考えるようにします。

07

伸びる新人は、上司が教えてくれなくても文句をいわない

＼よくある誤解／

「上司に教えてもらっていないので、できません。やっても間違ってしまったら、文句ばかりいわれるんですから……」

「新人の間でも、〝教わり上手〟っているんですね。私はそういう態度はとりたくないので、できるだけ自分で解決するようにしています」

「学ぶ」と「教える」のパワーバランスが逆転する

「教えてもらってないので、わかりません！」

上司にこんなことをいってしまったことはありませんか？　「01　会社内での『社員の立場』を勘違いしない」でも述べた「入社前（学生）と入社後（社会人）の立場の違い」のもう一つは、「教える立場」なのか「学びの獲得をしにいく立場」なのかの違いです。

教える側と学ぶ側のパワーバランスが、学生の頃と社会人では逆転します。学生は、「どこで、誰に、何を学ぶか」を選択できます。一方、社会人の場合は、市場での競争に勝つべく、上司が「誰に、何を優先的に教えるか」を選択します。誰が学びを選択するのかが、完全に逆転するのです。

このため新人が、学ぶ側が強かった学生時代までの感覚のまま教えられるのを待っていると、成果を出すために必要な技能を習得できないまま、貴重な時間がすぎていってしまう事態に陥ります。

教える側、すなわち上司の選択権が強くなるということにいち早く気づき、新入社員は自分から、学びを獲得しにいく姿勢を身につけるようにしましょう！

上司の立場になって考えてみる

新人の皆さんも、何年後かには経験するかもしれない「上司」という立場。ここでは、「皆さんが営業課長になったとき」を仮定してみましょう。

皆さんは営業課長で、自分の部下として新人が4名配属されてきたとします。皆さんは営業課長ですから、課という組織の職責を果たすことで、さらに上（営業部長など）からの評価を得ている存在です。このとき、4名の新人のうち誰から教えますか？　そして、どういう基準でその優先度を決めますか？

きっと、営業課長である自分が、さらに上の営業部長などの上司から高い評価を獲得するために、「一番使えそうで、戦力になりそうな新人」に最初に教えるでしょう。これは簡単に理解できると思います。

では、「この部下は使えそうだ」とか「すぐに戦力化できそうだな」ということを、どのように判断しますか？

おそらく、「能力がありそう」とか「素直に吸収してくれそう」といったことで判断するはずです。その新人の能力が「いま高そうか」ということと、あとは「新しいことを素直に吸収しそうか」ということ、この二つで判断するのです。

このうち、いまこの瞬間の能力が高いか低いかに関しては、上司はその状態を変更しようがありません。その時点での能力に関しては如何ともしがたいものです。そのため、結局は素直に聞く姿勢、すなわち「学びを獲得しにいく姿勢」があるかどうかで、誰に教えるかを判断することになります。

伸びる新人は「学びを獲得しにいく姿勢」を崩さない

伸びる新人になりたいのであれば、たとえそのときどきの能力が環境、体調などに左右されることがあっても、素直に聞く姿勢、「学びを獲得しにいく姿勢」だけは崩してはいけません。常に素直で、前向きな姿勢を保ちましょう。

仮に、「上司が教えてくれない」のであれば、その状態に不満をいっている場合ではありません。「自分はまだ、上司から『優先的に学ばせる人材』として見られていないのだ」と〝自分の不足〟を認識し、その不足を一刻でも早く埋めるために、眼の前の仕事に集中することです。その上で学びの機会を望んでいることを上司に伝え、もし機会が与えられたときには素直に、精一杯学ぶようにしてください。

「教える側」と「学ぶ側」の強さが変わったことを正しく認識すること。それができなければ、上司からは、いつまで経っても伸びる人材とは見てもらえません。

この対応が正しい

会社は新人を公平に育成・指導すべきだと思っていましたが、そうではないんですね。認識が甘かったです。これからは、みずから学びを獲得しにいくことで、1日も早く組織にとって有益な存在になれるよう努めます。

08

伸びる新人は、他部署の上司や先輩には仕事の相談をしない

＼よくある誤解／

「業務で困ったら、よく話を聞いてくれる隣の営業部の課長に相談します。参考になることはたくさんあります」

「説明下手な上司より、伝え方がうまい人から聞いたほうが身につきますね。偉そうに聞こえるかもしれませんが、〝適材適所に相談する〟という感じです」

その相談相手は、あなたの成長や成果に責任のある人物か？

社内にはさまざまなタイプの先輩や上司がいます。「ほかの部署の上司は話を聞いてくれるのに」とか、「○○部の○○課長は親身にアドバイスしてくれる」などと、仕事や悩み相談の〝駆け込み寺〟のようになっている人もいます。共通しているのは、とにかく「よく話を聞いてくれる」「優しい」「目線を合わせてくれる」といったところでしょう。

しかしながら、これら他部署の人への相談は、内容やアドバイスの受けとり方によっては、新人の皆さんが損をしてしまうケースがありますから、要注意です。伸びる新人は、相談相手も間違わないのです。

評価者である上司は、「新人であるあなたに何を求めるか」を決めることができます。同時に、その何かを求めた結果である「あなたの行動」についても、その善悪を判断する機能・権限をもっています。この機能や権限は、あなたの直属の上司にしかありません。そしてさらに、あなたの行動の優先順位を決める機能も、直属の上司にしかありません。

要するに、会社であなたがどういう行動をとればよいか、何を優先すればよいかを決定できるのは直属の上司だけだということです。

それなのに、たとえば普段から親しい隣の部署の上司に、「こういうやり方がいいと思うんですけど、どうでしょうか？」と聞いてアドバイスを受け、その助言を活かして実行したとしたら、どうなるでしょうか？

アドバイスが間違っていたら大問題に

特に悲惨なのは、そのアドバイスが間違っていたときです。手法そのものは間違っていなくても、優先順位を間違えていることもあります。

あなたがアドバイスどおりに実行して失敗しても、アドバイスしてくれた隣の部署の上司は、あなたの成長や成果に責任を負ってくれません。そのとき、失敗の責任をとるのはあなただけです。

本来であれば、新人の失敗の責任は直属の上司がとるのが組織のルールです。しかし、この場合には新人が勝手に他部署の上司にアドバイスを求め、それに沿って行動した結果、失敗しています。直属の上司の預かり知らぬところで起きたことですから、失敗の責任を新人がすべて負うことになっても何の不思議もありません。

成功した場合でも問題が起こる

また、たとえ他部署の上司や先輩社員のアドバイスに沿って行動した結果、首尾よく成功したとしても、その成功は直属の上司が考えていた〝成功〟とは方向性が違っている可能性があります。直属の上司からの評価は、必ずしも期待したような高評価とはならないかもしれません。

さらに、ときには上司は、あえて失敗させることで部下を成長させようとすることがあります。そのとき、他部署の人からのアドバイスで変に成功してしまうと、そうした成長もできなくなります。

上司同士の間に無用な緊張関係を生じることさえあるでしょう。

新人の皆さんは、そのようなリスクも考慮して、特に仕事上の相談は他部署の上司や先輩社員ではなく、常に直属の上司に相談すべきなのだと肝に銘じてください。

そもそも「責任と権限」という視点で考えると、「責任を負わなくてもよい状況で、権限を行使する状態」は一番気持ちがいい状態です。SNS上での発言が過激になりがちなのも、この責任のないところでの権限行使であることが理由の一つでしょう。

皆さんの話を聞いてくれる隣の部署の上司は、まさにこの状態なのです。アドバイスをして尊敬の念をもたれたり、「よい人だ」と好かれたり頼られたりする。そのような心理的な〝報酬〟を得て、しかも極論すると新人の皆さんがどうなっても責任がないとしたら、これほど楽しいことはありません。

そうした無責任な立場から発せられるアドバイスは危険なので、新人としては最初からそのような立場の人に助言を求めるべきではないのです。

気持ちをラクにするためだけならいいが……

なお、ここでいう相談の中身は業務そのものに関することです。仕事に対する心得など、相談しても問題解決にならないようなことではありません。

「自分の気持ちをラクにするため」とか「皆同じ悩みをもっていることをただ確認するため」に、同僚や他部署の人に相談することまでは否定しません。

ただし、そのような相談が現実的な問題解決にはならないことは、あらかじめしっかり認識しておく必要があります。

この対応が正しい

自分にとって気持ちのよい、聞こえのよい答え・アドバイスを提示してくれる人に相談しがちでした。しかし、相談する相手は結果については責任を負っていないこともあります。これからは、直属の上司に相談しないと解決できない問題を、ほかの人にもち込まないように注意します。

09

伸びる新人は、業界全体が伸びていなくても言い訳しない

＼よくある誤解／

「市場規模が縮小しているのに、業績は伸ばせって、ないものねだりだよ。ボクの目標も高すぎて、とてもムリですよ」

「業界のトップ企業に昔は憧れたけど、いまじゃウチも斜陽産業だしな。トップだと威張っていたことが笑えるよ。この環境下で新規事業なんて、難易度が高すぎるよな」

「斜陽産業だから」は免責思考の現れだ

そもそも新人の皆さんには、会社全体の業績を伸ばすことは求められていません。あくまでも、会社の業績を細かく分解した一つの業務について、成果を求められているだけです。そして、新人の皆さんが求められている一つ一つの業務が「できるか・できないか」には、「斜陽産業であるかどうか」はまったく関係がありません。

社長や役員であればともかく、皆さんの会社が属する業界が伸びていないことを理由に、新人が「何をやっても無駄だ」と言い訳をするのは不遜といわざるを得ず、免責思考の現れとさえいえます。

繰り返しますが、与えられた眼の前の目標について、同期で一番になるとか評価を獲得したりすることに関して、業界全体が伸びていない状況はまったく関係がありません。

新人や若手の業務の難易度は、常に調整される

たとえば、斜陽産業の会社に営業マンとして勤めていて、10年前は月20件の受注があたり前だったので、月の実績が20件を基準に評価されていたとします。

そのときには、その20件を基準として、Aさんはプラス5件で最優秀、Bさんはプラスマイナスゼロで普通、Cさんはマイナス2件でいま一つ、といった評価がなされていたはずです。

ところが、10年の間にその業界の斜陽化が進んできたとします。その会社の目標も、おそらく月5件や10件の受注が現実的になってきているでしょう。

すると毎月の基準も修正されて、その5件や10件を基準として、同期の間で一番になれるかどうかという競争になります。やはりAさんはプラス5件で最優秀、Bさんはプラスマイナスゼロで普通、Cさんはマイナス2件でいま一つ、といった評価がなされるのです。

業界が斜陽産業であるかどうかと、個々の社員の評価にはいっさい関係がないことがわかると思います。

特に新人や若手にとって、業務の難易度は常に調整されています。ですから、調整された基準に対する「できるか、できないか」には業界全体の浮き沈みは影響しません。

ちなみに、これは業界全体のパイが大きく成長している場合にも同じことがいえます。業界全体のパイが大きくなっているときには、それに応じて業務の難易度も調整されているのです。

この対応が正しい

業界の浮き沈みを、自分自身のパフォーマンスがぶれる理由にしがちでした。しかし、基準や難易度というものは上司によって調整されていて、業界の浮き沈みは「自分自身ができるか、できないか」には影響しないことを考えると、そうした態度は私の甘えでした。今後はひたすら、眼の前の仕事に邁進します！

Chapter 2

伸びる新人は自分に求められていることを間違わない

伸びる新人の「集中力」

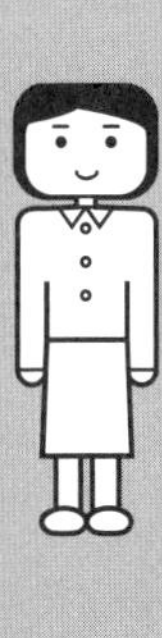

01

伸びる新人は、努力やプロセスなんてアピールしない

＼よくある誤解／

「自分の仕事は、プロセスも含めてしっかりアピールすべきですよね。ボクの学んだゼミの先生も、その点はうるさくアドバイスしてくれていました」

「部活でもそうですけど、とにかく目立つことが大事ですよね。だから上司には、進捗状況を随時報告するようにしています」

「仕事ができる人」とはどんな人を指すのか

新人の皆さんは、どんな人に対して「あの人、仕事ができる人だな」と思うでしょうか？「結果を出している」「知識量が豊富」「切り返しが速い」「身なりがきちんとしている」「自分の言葉で話す」……など、新人の皆さんなりの視点で、いろいろな要素で「仕事ができる」かどうかを判断しているでしょう。

しかし、実はこれらはすべて表面的なことにすぎません。Chapter 1で強調したように、仕事ではほかの誰でもなく直属の上司からの評価を獲得しなければいけません。そのため、「直属の上司が求めていることができる」というのが、組織においてはもっとも根源的な「仕事ができる」の定義となります。

つまり、仕事ができる新人とは「評価者である直属の上司が求めている成果を出せる人」のことです。

ちなみに、実は社長も同じ構造のなかにいます。経営者にとっての「仕事ができる」とは、「さらに上の評価者、すなわち市場や顧客の求める成果を出せる」ということです。上司にとっても同じで、「さらに上の評価者、すなわち自分の一つ上の上司の求める成果を出せる」ことこそが「仕事ができる上司」の要件になっています。

こうした構造を考えれば、新人が職場で自分の努力やプロセスを上司にアピールするという行為自体、まったく不要であることがわかるでしょう。なぜなら、上司の要求が明確であれば、新人は「こういうことを達成しました」「求められていたことを実行しました」という報告をするだけでよく、本来はその結果だけで、上司からの評価を十分に獲得できるはずだからです。

上司に、自分がその結果を残すためにどれだけがんばったか、あるいはどんな努力や工夫をしたのかを、ことさらアピールして知らせる必要はありません。表面的にはどう伝えているとしても、最終的に上司は、「求めていた成果」が達成されたかどうかだけによってあなたを評価します。

そうしなければ、上司自身も自分の上司から評価されないからです。

無用なアピールは、かえってあなたの評価を下げる

新人の側としては、結果だけでなく自分の努力やプロセスもアピールして上司に知ってもらい、その部分についても認めてほしい、褒めてもらいたいという気持ちがあるでしょう。しかし、上司の求めている成果が明確で、その結果についてはすでに報告しているの

に、さらに努力やプロセスをアピールするのは不要です。こうした行為は、むしろ自分の評価を下げることにもなりかねないので、気をつけなければなりません。

もちろん、結果を報告したときに、上司にどんなプロセスだったのかを尋ねられれば、そのときは速やかに答えなければなりません。しかし、そうでないならば、余計なアピールは新人が過剰に自分を売り込もうとする姿勢に見えてしまいます。また、何より時間の無駄です。さらに、あなたが「上司が求めていた成果」をきちんと理解していなかったのではないかという疑念まで上司に抱かせかねないので、危険なのです。

成果への認識のズレがあるとき、部下は上司にアピールしたくなる

新人の皆さんが、評価者である上司に求められている成果を自分なりに解釈してしまうと、上司と部下の間で「求める成果」に対する認識のズレが生じます。つまり、上司が「Aをやってくれ」といっているのに、新人は「わかりました。では、Bをやります」という状態です。

その状態で成果を求めてがんばることは、新人にとっても上司にとっても労力と時間の無駄です。自分なりに「こういうことだな」と思ったことと、評価者が本来求めていた成

果との間にズレがある場合、新人が行った関連する作業は、すべて〝無駄働き〟になってしまいます。これは何としても避けなければならない事態です。

また、新人の側は、こういう状況では特に自分の努力やプロセスをアピールしたくなります。自分がよかれと思って努力している方向性が、本当に上司が求めている成果の方向性なのか途中でわからなくなり、不安になってくるからです。自信がなくなってくるがゆえに、「自分はきちんと仕事をしていますよ！」と、努力やプロセスをアピールする必要が出てくるのです。

逆に、上司が求めている成果が明確で、新人もその成果を明確に捉えているのであれば、必要なのはそれを実行することだけです。繰り返しますが、この場合には新人が努力やプロセスをアピールする必要はありません。

求められている成果が不明確な状態のまま、努力やプロセスだけをアピールする新人を、上司は決して評価しません。自分なりの成果に向かって作業を続けている間、アピールによって「きちんとやっているようだ」と思っていたのに、出てきた成果が求めていたものと違ったら、それが一番、上司にとってのロスが大きいのです。そんなことにならないようにしましょう。

理解できたか不安なときは、すぐにみずから確認する

新人の皆さんにとって大事なのは、努力やプロセスを上手にアピールすることではありません。まずは、上司が自分に何を求めているのか、認識のズレがないようにしっかり確認することです。

また、いま上司が求めている成果がどんなものなのか、よくわからないのであれば、理解しているように振る舞ってその場をとりつくろうのではなく、すぐに「申し訳ありません。いま自分に求められている成果がどんなものなのか、うまく把握できていません。恐縮ですが、もう少し詳しく説明していただけませんか？」などと聞いて、自分に求められているものが何なのかを、自分から上司に確認しにいくことです。

仕事を進めている途中で、自分の向かっている方向性が合っているか不安になったときも同じです。すぐに上司に確認しにいきましょう。

結局はそのほうが上司からよりよい評価を得られ、新人が仕事を進める際にも迷うことがなくなり、安心できるはずです。

この対応が正しい

自分なりにアピールすることで、上司によい印象をもってもらうことも必要だと考えていました。ですが、それは誤解だったんですね。「結果を出すだけで十分評価される」「求められているものが不明確な場合は、アピールより何よりゴールを確認しにいかなければならない」、さらに「プロセスだけよく見せても、最終的にはかえって評価を得られなくなる」ということがよくわかりました。

02

伸びる新人は、困っている同僚の仕事を気やすく手伝わない

＼よくある誤解／

「同期の彼はスロースターターで、仕上がりは悪くはないけど、時間がかかるんだよね。助け船を出してあげないと全体が先に進まないから、個人的にやり方をアドバイスしています」

「後輩の○○ちゃんは、ちょっと業務の進め方で悩んでいるみたい。積極的に声をかけて助けるようにしています」

「手伝ってあげる」のはルール違反!?

職場で、何か仕事に困っているらしい同期の同僚がいるとしましょう。周囲を見ると、先輩社員は見て見ぬふりをしている様子……。

そんなときにはその同僚に声をかけて、手伝ってあげたくなるのが自然な感情です。しかし、実はその対応は、会社・職場という組織では明確なルール違反です。

そのような状況で、あなたがその同僚を助けるべきか、また助けていいかを判断するのはあなたではありません。あなたの上司です。

会社では、新人の皆さんも一人ひとりに求められている成果があり、その成果を得るために従事すべき業務が定められています。そして、そのそれぞれの業務にはすべて「守備範囲」が設定されています。

それぞれの守備範囲に応じて一定の責任が求められ、また同時に責任を遂行するための権限が設定されています。皆さんは全員、その権限を使うことで業務を実行し、求められている責任を果たすことで所定の成果を達成していきます。これが「仕事」の本来あるべき構図です。

ところが、この構図のなかで、組織を構成する個人が勝手に自分自身の守備範囲を調整するようになると、その組織はうまく回らなくなります。先ほどの「同僚を自分の判断で手助けする」という行為は、この「守備範囲の勝手な変更」にあたります。

助けた側としては、「同僚が困っていたから助けました。何が悪いんですか？」といいたいところでしょうが、この行為は助ける側が自分の業務の守備範囲を自己判断で勝手に拡大し、「困っている同僚の仕事を手伝う」という業務を新たに加えていることにほかなりません。

「ヘルプを誰にさせるか」は上司が決める

本来、各社員の業務やその守備範囲を決めるのは、それぞれの上司の役割であり、権限です。新人にヘルプがいるのであれば、そのヘルプを誰にさせるかを決める権限をもっているのも上司です。

新人を助けている間は本来の自分の業務を行えませんから、それをするだけの余裕があり、また、できれば手助けをしながら今後はヘルプの必要がないよう育成も同時に行える人材をあてる必要があります。その人選ができるのも、その部署の上司しかいません。

新人が勝手に同僚を助けて自分の仕事を増やすのは、そうした上司の権限の侵害となります。上司からしたら、「私が決めるべきことを、なぜ新人の君が勝手に自分で決めているのか?」ということになり、よかれと思って助けたのに、かえって怒られるなんてことになりかねないでしょう。

せっかく上司が用意した「失敗の機会」を台なしにするな

また会社では、上司が部下を育成する目的で、わざと仕事ができていない状態に放置することもときどきあります。

仕事の能力を高めるようとするときには、自分に足りていない部分を認識し、その「不足」を埋めていく必要があります。そして、このプロセスをもっとも速く行えるのが、実際に失敗してみることです。実際に失敗すると、自分に何が足りなかったのかが一瞬でわかり、当人の真剣味も段違いです。

そのため、会社や部署の成績に大きな支障をきたさない範囲内で、実際の仕事であえて新人を失敗させ、一気に能力を高めようとすることがよくあります。

皆さんが見たのが、もしもこうした状況であったとしたら、見ていられなくてその同僚を助けてしまうことは、その同僚の上司の思惑を邪魔することになります。しかも結果として、同僚本人の成長も遅れることになります。見て見ぬふりをしている先輩社員は、意地悪でそうしているのではなく、実は〝親心〟をもってあえてそうしている可能性もあるのです。

育成目的での放置でない場合、新人や部下が業務で困っていれば、上司からも「ちょっと○○君をフォローしてやってくれ」といった指示が出るはずです。そうではないということは、上司には上司の思惑があるのかもしれません。やはり、新人が勝手な判断で手伝わないほうがいいのです。

チームプレイは言い訳を生む

こうした仕組みを上司も理解しておらず、部下による上司の権限の侵害がまかりとおる組織では、職場に言い訳があふれるようになります。「困っている人を助けていたので、ちょっとこっち（自分の業務）は遅らせてもいいですよね？」という言い訳です。

同僚の手助けをしていたことで時間を使ってしまい、自分自身の本来の仕事に対するもともとの責任を果たせない状況になっているのに、「人助け」といういわば「隠れ蓑」があるので、心理的には言い訳をしやすい状況が生まれるのでしょう。

しかし、こうした言い訳を次々に認めていたら、誰もが自分の仕事の守備範囲を自分で決められるということになり、職場は大混乱に陥ります。

助ける側だけでなく、自分に求められている成果を出せなかった人も「周囲が助けてくれなかったから、できなかったんです」などと言い訳をしはじめます。普段の仕事でも、上司ではなく個々の社員が自分の仕事の内容を自分で決めるような状態になりがちです。「誰が、どこまで責任を負うのか」という守備範囲が組織全体で曖昧な状態になってしまうのです。

前述したように、人の意識は「自分には責任がない状態で他者に指図し、感謝される」状態で、もっともストレスなく自分の存在意義を獲得できます。困っている同僚を自己判断で助けるという行為は、一見すごくいいことをしているようにも思えますが、実はこの「責任のない状態で感謝される」という快感を得ようとしている行為にすぎないのです。

自分には責任のない業務で、同僚に「こうしたらいいよ」とか「手伝うね」などと貸しをつくり、さらに感謝もされるのですから、こんなに気持ちのいいことはないでしょう。しかしそれは、あえていえば、助ける側のただの自己満足です。

このような状態になってしまった組織では、新人はもちろん各社員が成長できませんし、部署全体に求められている成果も達成することはまずできません。新人の皆さんは、いっときの感情に引きずられて、みずからそうした混乱状態の引き金を引かないように注意してください。何よりもまず自分自身の守備範囲に集中することです。

そうするほうが、結果としてはあなた自身も、また仕事ができずに困っている同僚も、どちらもより成長できるのです。

それでも助けたい場合は、どうするか

とはいえ、権限をもっている上司や、新人のフォロー業務を任されている先輩社員が、新人が困っている状況に気づいていない、という場合もあり得ます。その場合でも、本来は困っている本人が、自分で上司や先輩にその状況を報告にいくのが筋です。

しかし、本人にその様子がなく、さらに本当に手助けしたほうがよいと思えるような状況があるならば、まずは上司にその状況を報告し、「同僚を助けてもよいかどうか」を確認してください。繰り返しになりますが、「困っている同僚を助ける」業務を部下に与えるかどうかを決める権限は上司にしかないからです。

このとき、上司から「助けなくていい」と指示があれば、いくら助けたくても、手助けするのはルール違反になります。

逆に、確認して「助けなさい」と上司から指示があれば、その瞬間から今度は「その同僚を助ける」という業務が新たにあなたの仕事に加わります。この場合には困っている同僚を助けることができるのです。

ただしこのときには、実際に助けなければならない「責任」もセットでついてきますから、その点には注意が必要です。また、もともと自分に課せられていた業務と責任が軽減されるわけではないことも、よく認識しておきましょう。助けるなら助けるで、しっかりと最後まで助け切る責任が生じるのです。

なお、この項でいう「助ける」とか「手伝う」とは、業務上のサポートを行うことです。隣に捻挫して歩けなくなっている人や、セクハラに悩んでいる人がいて、その人を「助けてはいけない」といったことではありません。その点は誤解しないようにしてください。

この対応が正しい

困っている同僚がいたら助けたいのが人情ですが、「自分の業務の守

備範囲を決定する権限」は、新人の自分にはないことを理解しました。何も考えずに手伝っていたら、むしろ同僚の成長を阻害することになっていたかもしれないんですね。今後は、困っている同僚がいるのに気づいたら、上司に助けてよいかどうかすぐに確認するようにします。

03

伸びる新人は、会社全体のことなんて考えない

＼よくある誤解／

「この会社、経営体制を刷新しないとダメだと思う。トップは自分勝手で、役員はそれに従うイエスマンばかりだし……」

「会社が今後も成長していくには、いま手がけている業務範囲だけでは不十分。最近、成長している分野に進出することも絶対に必要だよね。それであってこそ、持続的な成長ができる。社長はこの危機的な現状がわかっているのかな？」

会社全体を論じるだけのリテラシーがあるのか

新入社員同士の飲み会などでは、「うちの会社はもっとこうしたほうがいい」とか、「もっとこうあるべき」といった議論がよく交わされます。また、若手の社員に懇話会を開かせたりして話しあいの場をもたせ、それら若手の意見を上層部が制度として採用しようとする組織もあるようです。

私は、これらの対応自体を完全に否定するつもりはありません。しかし、こうした議論や話しあいから生まれてくる若手の意見には、実際には「ガス抜き」以上の意味はないことを、皆さんはしっかり認識するようにしてほしいと思います。

そもそも新入社員である皆さんには、会社全体のことを論じるだけのリテラシー、つまり「会社全体の業務や経営に関する知識・経験」があるのでしょうか？

残念ながら、それはありません。経験もなければ、まだほとんど責任もない。そんな状態のなかで、新人や若手社員が会社全体の方針や現状について何か現実味のある提案をできると考えること自体、自分自身の立場を完全に錯誤した、よくいえば「勘違い」であり、悪くいえば「思い上がり」です。

もしかしたら気を悪くする人がいるかもしれません。しかし、会社全体のことは新入社員には考えられません。その能力がないからです。これが現実です。

会社全体のために、与えられた責任を果たす

新人の立場で、会社全体のためにできるベストのことは、まずは「与えられた責任を果たす」ことです。眼の前の自分の仕事に100%向きあい、その業務で求められている成果をしっかりと出すこと。それこそが、結局は会社全体のためになります。

また、皆さん自身のためにも、それこそが成長への最短ルートです。いまのあなたの成長度に応じた難易度と量の仕事を割り振るのも、上司の権限であり責任ですから、新人は与えられた眼の前の業務に集中し、次々とそれらをクリアしていくことで順調に能力を伸ばしていけます。この方法なら、上司の求めていない方向に成長してしまうリスクもありません。

会社全体に関することで、ただ一つ新人に求められていることがあるとすれば、これら自分に与えられた責任・業務を果たしていく途中で、上司や社長などの経営者が気づいていないだろうことに気づいたときに、適切にそれを自分の上司に報告することでしょう。

新人に限らず、個々の社員がそれぞれの仕事をしているのが「現場」です。そして、会

社全体に関する何らかの問題や課題が発生するのは、ほとんどはそうした現場においてです。社長や役員などの上層部は、組織の仕組み上、そうした現場から離れて仕事をする機会が多くなります。現場で起きている問題や課題を、自分ですぐに把握することはできないのです。

そのため、個々の社員は、現場の自分の守備範囲内で何か問題が起こったり、「こうしたほうがもっと効率よく成果を上げられるのではないか？」という課題に気づいたりしたときには、それらの情報を事実ベースで即座に直属の上司に報告することが求められます（なお、これは立派な業務の一つであり、報告しないことは責任の放棄になります）。

上司はそうして報告された情報を取捨選択した上で自分の上司に伝え、さらにその上司も一つ上の上司へと伝えていくことで、必要に応じて一番上の社長にまで速やかに現場の問題や課題が伝えられていきます。対応が必要な情報であれば、どうすればよいのか、上から指示が戻ってくるはずです。

知ったような話をするのは〝逃げの行動〟

新人が会社全体のためにできること、すべきことはこれだけです。あとは「眼の前の仕事、与えられた責任を実行する」ことに尽きます。

会社全体について、同期同士の飲み会などであれこれといいあって、日頃のストレスを発散させる程度であれば大きな問題にはなりませんが、そのときには、それらの発言は現実的でもなく、大して意味もないことは自覚しておきましょう。間違っても、上司に意見したり社長に直談判したりなどしないほうが賢明です。

厳しいことをいえば、経験も知識もない新人が会社全体について知ったような話をすることは、新人の皆さんに本来与えられている責任からの〝逃げの行動〟でしかありません。「自分が職責をまっとうできないのは会社のせいだ」という言い訳以外の何物でもないのです。

眼の前の与えられた責任をしっかりと遂行できないような人は、いつまで経ってもその一つ上、さらに上の、本当に会社全体のことを考えるべき立場には立てません。なぜなら、どの立場になったとしても、その立場において求められていることを愚直に実行することこそがもっとも重要だからです。

新人の皆さんは、そのもっとも重要な責任を果たす前に、会社全体についてあれこれと考えるような逃げの姿勢で仕事をしないようくれぐれも気をつけましょう。

この対応が正しい

立っているポジションによって、見えている景色は全然違うんですね。よかれと思って会社全体に対する意見をしてしまいましたが、そもそも全体を論じるだけのリテラシーが自分にはないことを知り、恥ずかしい思いです。会社全体に関係することは、現在の自分自身のパフォーマンスには関係がない。業務として求められた場合を除いては、軽々しく口に出さないよう気をつけます。

04

伸びる新人は、同僚との比較や競争から逃げ出さない

＼よくある誤解／

「私は人と争うのは苦手です。競争で同僚と勝ち負けを競うような仕事のしかたは、絶対にしたくありません！」

「競争から逃げないということは、内なる自分に負けないってことですよね？　少なくとも自分で自分にＯＫを出せるところまではがんばります」

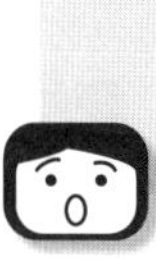

個性や〝らしさ〟を言い訳の材料にしない

昨今では、「自分らしく仕事する」「自分らしくありたい」「みんな違って、みんないい」などといった言葉がもてはやされ、〝らしさ〟や個性が推奨される風潮があります。

しかし、この「自分らしくありたい」という意識がいきすぎると、「他者との競争をしない」ことを自分の〝らしさ〟だと勘違いしてしまい、現実の競争から逃げ出そうとしてしまうことがあります。これでは、究極の競争社会であるビジネスの現場で、「伸びる新人」には決してなれません。本書の読者の皆さんは、そのような誤解・混同をしないように注意が必要です。

人は常に比較して物事を判断します。たとえば、「あの人は紳士的だ」とか「このコーヒーがおいしい」というのも比較です。「今日はカツ丼を食べようかな」とか「テレビでこの番組を見よう」といった選択も、すべては同種の選択肢との比較の結果です。私たちは常に何かと比較しながら日々の生活をしているわけです。

同様にビジネスでも、すべては比較で決められます。「どの会社に発注しようか」とか、「誰を幹部にするか、誰を課長にするか」「午後はどの仕事をしようか」といった判断も、すべて比較によって行われています。

皆さんがどんなに「自分はこういう人間だ」といっても、あるいは「自分との戦いこそが大切だ。他人は関係ない」と思ったとしても、人は他者との比較から逃げることはできません。これは、どんな立場、どんな環境に身を置いたとしても同じです。人は比較されること、すなわち「競争」から逃げることは絶対にできないのです。

こうした現実のなかで、新人である皆さんは会社内では同期の同僚と比較されることになります。またキャリアを積んでいけば、社内の歳が近い先輩や後輩、あるいは同レベル・同ランクの同僚との比較も加わります。いずれにせよ、組織にいる限りは同じような立場の社員と比較され、上司に評価され続けます。これが決して変わらない現実です。

そして比較されて、他者より高く評価されれば、昇進したり昇給したりすることで、より大きな利益を手にします。逆に比較の結果、他者より低い評価をされれば、あなたが手にできる利益はどんどん減っていきます。

このシビアな現実から目を背けてはいけません。「周りはがんばっているようだけど、自分は自分だ」と、自分の意識のなかで他者との比較から逃れたとしても、そう思っているのは自分だけです。上司や周囲の人は、確実にあなたと誰か（同僚）を比較しているのです。

比較や競争からは決して逃げられないのですから、そうした現実をしっかり直視し、できるだけ上をめざすか、あるいは最低限、できるだけ損をしないように立ち回ることがすべての社会人に求められています。「自分らしさ」や個性を理由に、他者との競争や比較から逃げ出すのはただの言い訳であり、現実からの逃避にすぎないことを自覚するようにしましょう。

プライベートでは逃げる選択があってもいいが……

そもそも、個性や〝自分らしさ〟が成立するためには、その個性や〝らしさ〟を自分以外の誰かが評価し、認めてくれることが必要です。他者と違っているからこその個性であり、自分らしさなのですから、自分らしさを理由に、他者との比較や競争から目を背けるのは本末転倒です。それは自分の心のなかだけで自己満足を得ようとしているのと変わりません。

もちろん、ほかの人と違っていることは悪いことではありませんし、むしろ自然なことです。しかし、それをビジネスでの競争から逃げる理由に使うのは欺瞞でしかないと認識すべきです。

なお、私生活でもビジネスでも比較からは逃れられませんが、生活のすべてにおいて競争するというのも息が詰まります。そのため、特に私生活では状況に応じてみずから競争から降り、不利益を甘受しつつ精神面のリラックスを優先するという選択はあり得ます。

しかしビジネスの現場においては、そもそも会社というのは利益を追求するための組織ですから、そこで不利益を甘受するという選択は成立しません。会社という組織に所属する以上、常に比較される競争環境のなかで、より高い評価を得られる方向へと努力することが全員に求められるのです。

公私で態度を使い分けつつ、職場での比較や競争には正面から向きあうメンタリティをもっている人だけが「伸びる新人」だと評価されるのだと心得てください。

競争で負けてもいいが、負け続けてはいけない

そうして常に比較や競争にさらされる環境では、どんなエリートでも常に勝ち続けることはできません。すべての人は、いずれ「負け」を経験します。

ですから、競争から逃げてはいけませんが、競争で負けることはダメではありません。自分の不足している部分を認識し、その不足を改善するためには（つまり「成長」するためには）、むしろ新人のうちにどんどん負けておいたほうがいいくらいです。早いうちに

負ける経験をしておかないと、いつか負けてしまったときに心が折れて挫折しやすくなるという場合もあるからです。

ただし、もし現在、自分が負けているのなら、その事実をしっかり認識し、次は勝つために、あるいは負け続けないためにしっかりがんばるという姿勢は当然必要ですから、その点は誤解しないようにしてください。負けてもかまいませんが、負け続けてはいけません。負け続けている人の評価は最低となり、結局のところ会社という組織に所属し続けることはむずかしいからです。

「負け続けても大丈夫だ」とか「自分は競争とは無関係だ」などと考えるのは、社会人としては非常に危険なことです。そのような誤解や勘違いを決してしないよう、皆さんには十分に注意してほしいと思います。

この対応が正しい

これまでは、「競争」という言葉を必要以上にネガティブに受け取っていたみたいです。特にビジネスの現場では、比較や競争から逃げ

ることはできないのですから、個性や〝らしさ〟を使った変な言い訳はせず、真正面から、同僚との競争に向きあって成果を出していきたいと思います。

05

伸びる新人は、努力もせずにふてくされたり〝やさぐれ〟たりしない

＼よくある誤解／

「最近、何をどうやっても、変わらないと思ってしまうことが多くて……。もともと無理な目標設定なんですから、できなくても問題ないですよね？」

「もちろん、いわれたことは一生懸命やりますよ。でも、それで目標達成できたり、私の評価が変わったりするわけでもないですし……。『何やってんだか！』と、自分で自分が悲しくなってきます」

足りない権限を獲得しにいくのも新人のあなたの仕事

たとえば、皆さんがカフェチェーンの雇われ店長で、「この四半期に自店の顧客を純増させる」という責任を負っているとします。そうした状況下で、「プロモーション費用はゼロ、もしくは追加なし」というルールがあったとしたら、どういう心境になるでしょうか。

そんな状況下でも、自力で「条件は厳しいけど、やってやる！」と意思を奮い立たせることのできる人は、このパートは読み飛ばしてもらって結構です。

しかし一般的には、「こんなルールでは、責任の達成なんてとても不可能だ。最初から、がんばるだけ無駄だ」などと考える人が多いでしょう。あるいは、うがった見方ではありますが、「これだけ権限が足りない状況なんだから、たとえ目標達成できなくても、上司への言い訳は十分できるな」などと考える人もいるかもしれません。

この例のように、「責任に対して権限が不足しているケース」が常態化している組織では、だんだんと現場の担当者の意識ややる気が摩耗していくことがよくあります。どんなにがんばっても、課せられた責任や目標のハードルが高すぎて、それを達成することができないので、しだいに「がんばっても、成功しない」という失敗経験を学習してしまうのです。

そして、やがて「自分が何をいっても変わらない」とか、「いわれたことはやりますよ（けど、どうせ目標達成はできませんけどね）」などとふてくされた態度をとるようになります。こうした態度を「投げやり」とか「やさぐれる」いう言葉で表現する人もいます。

現場で働く社員がこのような状態になってしまう原因は、上司や組織の側にあると考える人が多いでしょう。しかし、実はそうではありません。こうした状況は事前に想定されたものであるといえるからです。

また、たとえそういう状況があったとしても、現場の社員、つまり部下や新人が投げやりな態度でみずからの仕事に向きあっていいわけでもありません。「責任に対する権限が不足している状況」では、上司に対して必要な権限を自分で獲得しにいくのも、部下の仕事だからです。

「権限が足りない状況」が発生するのは避けられない

責任を果たすための権限が足りず、うまく目標を達成できないとき、多くの人は会社や上司のグチをいって終わります。

確かに上司や会社の側でも、もっと細かく目配せをすべきなのかもしれませんが、会社という大きな組織のなかでは、個々の部下が現場で直面している細かい状況まで把握しきれない場合が多いのが実情です。つまり、それぞれの現場で部下の責任と権限が一致しているか、上司も厳密にはチェックできていないのが普通なのです。

また、組織というものには、新人の皆さんが求めている権限をすべて与えられるほど「権限のリソース」が無限にあるわけでもありません。「予算はここまで」「これ以上はやらなくていい」などと、どこかで線引きされた制限のなかで、上司が部下に権限の配分をしています。部下は、ひとまずはその与えられた権限の範囲内で、課された責任を果たせるよう最大限努力するというのが組織でのルールです。

ビジネスではこうした制限や限界があるため、現場の社員が責任を果たそうと努力しても、権限が足りなくてどうやってもできない、という状況がときに生じてくるのは避けられません。そうした状況は会社や上司の不手際によってのみ生じるのではなく、組織が仕事を遂行していく上では、一定の確率でどうしても生じてしまうものだと認識しておくことが重要でしょう。

責任が果たせないときは、速やかに上司に知らせなければならない

そうした状況に陥ったとき、新人の皆さんがすべきなのは、上司や会社のグチをいうことではありません。ましてや投げやりな態度やふてくされた態度をとることでもありません。本当にすべきなのは、まずは当初の権限の範囲内で最大限の努力をし、それでも責任の達成が無理なのであれば、どんな権限があれば課された責任を達成できるのか考えることです。

その上で、上司に対して状況を報告しつつ、その権限を獲得しにいくという行動です。

部下「エリアマネージャー、顧客の純増には新商品の告知が必要だと考えます。現状では、予算の不足によりそれができておらず、自分の責任を果たすことができていません。新商品を告知するため、各テーブルにポスターをつくるだけの予算を新たにください。必要な経費は〇〇円です」

上司「新商品の告知ポスターで顧客が増えると、君が考える根拠は？」

部下「競合店の××では、春の新商品告知のポスター掲示以降、明らかに客数が増えているようです。当社も似た業態ですから、同じような効果が見込めるのではないでしょう

か？」

上司「……そうか、わかった。許可する」

ここに示したのはあくまでエッセンスですが、こんな感じで、責任の達成にどんな権限が足りないのか、説得力をもって上司に報告しつつ、みずから必要な権限を獲得しにいくのです。

上司の側でも、現場で実際には何が不足しているのかは、部下からの報告がなければ詳細には把握できません。上司がすべての状況をあらかじめ予想し、十分な権限を用意して、部下に与えておくことは不可能なのですから、前述したような行動も「部下の仕事（責任）の一つ」なのです。

負のスパイラルに陥るな

こうした正しい対処法を知らず、ちょっとむずかしい状況に陥ったら「何をいってても変わらないよ」などとふてくされたり、やさぐれたりして仕事をしていると、冒頭で述べたように意識ややる気が摩耗していってしまいます。

さらには、しだいに「権限が足りない状態」を言い訳にして、責任を果たすこと自体を放棄するようにまでなりかねません。

そうしたむずかしい状況下では、「あれも、これも条件がそろっていないから、できなくてもしかたがないよね」と、たとえ上司に評価されなくても自分の意識上で言い訳することができます。そして、現場の社員はだんだんとその状態が心地よくなってきてしまうのです。

この状態がさらに悪化すると、心理的な言い訳がしやすい「心地よい状態」をキープしようと、「責任の達成にどんな権限が必要か考えようとしない」→「どんな権限が必要かわかっていても、その権限を獲得しにいかない」→「わざわざ権限の足りない状態をつくり出す」という悪循環に陥ることがあります。そして、自分の責任放棄は棚に上げ、ただただ上司や会社のグチをいって日々をすごすようになってしまいます。

こんな状態になると、その人材は会社にとってのお荷物どころか有害な存在へと変わってしまいます。もちろん、上司からの高い評価を得ることなどできませんし、長くその組織にとどまることさえむずかしくなるでしょう。

本書を読んでいる皆さんは、決してそんなことにならないよう、苦しいときほど冷静に状況を分析し、難局を打破するための権限をみずから獲得しにいく、という行動様式を身につけるよう意識してください。

この対応が正しい

自分の権限ではどうにも目標達成ができないむずかしい状況に陥ったときでも、投げやりになったり、会社のグチをいったりするだけでは、現にそこにある問題から目をそらしているのと同じです。もし今後そんな状況になったときには、責任を果たすのに必要な条件を冷静に洗い出し、それを実行する権限を与えてもらえるよう、上司に対して積極的に主張します。

06

伸びる新人は、事前の計画に時間をかけない

＼よくある誤解／

「失敗すると上司に怒られるし、何かにとりかかるときは、熟慮に熟慮を重ねてスタートを切ることが重要です」

「この会社で順調に出世するためには、とにかく失敗しないことが大事ですよね。いつも失敗ばかりしている同僚が馬鹿みたいに見えます」

新人がどれだけ失敗しても、会社はびくともしない

人が成長し、正解に近づいていくためには、「実行と修正を繰り返す」しかありません。この原則から考えると、「失敗しないように」と考えて動きが停止すること、あらかじめ近道を探していきなり100点をとろうとすること（いわゆる「うまくやろうとする」こと）は、実は新人の皆さんにとって大変に損な選択であるということも理解しておきましょう。

「失敗」というのは、成功に近づくために「可能性をつぶす」作業にすぎません。成功につながる可能性があるように見えて、実はつながっていない選択肢を、実際に試してみることで「ハズレ」だと確定させる作業が「失敗」です。どの選択肢が実際に成功につながっているのか、それは誰にもわかりませんから、より早く成功を引きあてるには、とにかく早く、たくさん失敗していくことが求められます。

いきなりアタリを引く人もいれば、アタリを引くまでに多少時間がかかってしまう人もいます。しかし、失敗をとにかく早く、たくさん繰り返すことで、全体としては一番早く成功につながる選択肢を選べるでしょう。また、たとえたくさん失敗しても、それは「この方法では成功しないんだな」という経験値を積むことに直結しますから、いずれにせ

よ、失敗を繰り返すことは成長につながるのです。

もちろん、あなたの失敗によって会社がつぶれてしまうほどの致命的な損失が生じれば、それはとり返しがつかない事態ですから、そのような巨大な失敗は避けなければなりません。しかし、こと新人に限っては、そんな心配は無用です。

新人の失敗によって会社がつぶれてしまうことはあり得ません。新人は最初から失敗することを前提とされている存在ですから、上司は「たとえ失敗しても、とり返しがつかない損害は出ない仕事（責任）」しか新人には任せません。会社や上司にとって新人の失敗は想定の範囲内なのです。

「こうあるべきだ」という考えも捨てる

新人は失敗を恐れずにまず動くことが大切です。「こうあるべきだ」とか、「こうなったら、こう動こう。ああなったら、こう動こう」などと事前に細かく計画を決めて、うまくやろうとしなくても大丈夫です。

新人の計画や予想がうまくあたるほど、世の中は甘くありません。そんなことに時間をかけるくらいなら、与えられている仕事に、事前に教育された方法やとりあえず思いついた方法で、「すぐに取り組んでみる」のが一番得策です。結局は、その方法こそがもっとも早く成長に近づく道となります。

そして、取り組んだ結果うまくいかなければ、その部分を修正し、どんどん次に向かいましょう。とにかく、すぐに実行してたくさん動ける人間こそが、もっとも早く正解にたどり着けます。「1回1回にこだわりすぎて動けなくなる」という状態は、特に新人は回避しないといけないのです。

すぐに決める、決めたらすぐやる、間違えたら修正して何回もやる——、とにかく実行すること。新人の皆さんにとって、PDCAサイクルでもっとも重要なのは「D」、すなわち実行であることを意識してください。

心配性な人も「失敗できるのは新人時代だけだ」と割り切るべし

ところが、新人のなかにはPDCAの最初の「P」、すなわちPLAN（計画）にどうしてもこだわってしまう人がときどきいます。性格的なものもあるのでしょうが、そうした新人は、計画することに精一杯で、時間だけが経過してしまう状況に陥りがちです。

何しろ、まだまだ経験が少ないので、成功パターンも把握できていません。ベテランの先輩社員なら一瞬で排除するような選択肢まであれこれと考慮し、心配し、結局は最低限の回数しか実行できずに終わるというパターンも多いでしょう。

新人のうちはそれでは成長できません。失敗できるのは新人の特権ですから、心配性な人も割り切って、あまり先回りして心配しないように意識し、とにかく実行と修正を繰り返すことを重視しましょう。

制限時間がある環境では、PDCAの「P」にこだわると結果が出ない

少しくどいかもしれませんが、大事なことなのでスポーツや料理を例としてもう少し説明しておきましょう。

野球であれば、打率は「ヒット数÷打数」で計算します。では、打率を上げるためにはどうしたらいいでしょうか?

「練習する」「練習方法を変える」「打率の高い人に師事する」などの打ち手が考えられます。この「練習する」「練習方法を変える」「打率の高い人に師事する」などの行為がPDCAの「P」です。

この「P」に長い時間をかけ、最適な練習法を模索し、先人からのアドバイスを収集

し、準備に時間と労力を割けば、確かに打率が上がる可能性はあります。

しかし、最終的に打率を上げるためには、実際に打席に立つ回数を増やし、ヒットを増やす必要があります。ビジネスでは、課された責任を果たすまでの時間は限られていますから制限時間があります。「P」に長い時間をかけていると、実際に打席に立つ回数が限られてしまい、せっかくの準備が活用されないことが多いのです。

それよりは、「P」はほどほどにしてとにかく打席に数多く立ち、失敗を重ねながらバッティングフォームを修正していくほうが、時間が限られている環境では実際に打率アップに成功する確率が高くなるでしょう。新人も、そのようにすべきだという話です。

あるいは、料理でおいしい味噌汁をつくろうと思い、レシピが紹介された本やアプリを買ってくるとします。この場合であれば、本屋にたくさん並んでいるレシピ本や好みのアプリを吟味する作業が「P」にあたるでしょう。

果たして、一番早くおいしい味噌汁をつくれるようになる人は、購入した本やアプリに載っているレシピを速やかに試作し、周りの人にそれを食べてもらって評価を受ける機会を一番多くもった人になるでしょう。逆に、なかなか成果を出せない人は、「本当にこのレシピでおいしい味噌汁がつくれるのかな」と、考えに考えてレシピ本やアプリを選び、ああでもない、こうでもないと考えて、実際に味噌汁をつくる回数が少なかった人です。

レシピのとおりに速やかに味噌汁をつくり、他者の評価をもらった人は、その評価に従って「では、塩加減を調整しよう」とか、「具材を変えてみよう」などと、自分に不足している部分を修正し、より早く「本当においしい味噌汁」に到達します。実行によってそのレシピが有用かどうかをいち早く試し、足りない部分をすぐに修正しているので、素早くゴールにたどり着くことができるのです。

失敗は新人の特権です。何がより重要かを間違わないようにしてください。

この対応が正しい

これまで、何をやるにもあれこれと考えてしまい、動けなくなることがありました。でも、新人のうちは即実行と修正の繰り返しこそが重要です。手際よく、うまくやろうといったことはあまり考えず、いまはとにかく、たくさん実行して経験を積むことを心がけます。

07

伸びる新人は、必要以上に上司に確認しにいかない

＼よくある誤解／

「仕事は逐一、上司にチェックしてもらうことが成功の近道だと思っています。そのほうが上司も安心するはずです」

「自分の考えだけではなかなかうまくいかないから、仕事は細かいところまで上司のいうとおりに進めるのが一番です。そうすれば、たとえうまくいかなくても、自分の責任にはならないじゃないですか」

上司のアドバイスを「失敗時の保険」として使わない

昨今、「よい『上司像』とはどんなものですか？」という質問を新人に投げかけると、必ずといっていいほど、「仕事を細かく教えてくれる」とか、「やさしく指導してくれる」といった回答が寄せられます。

確かに、基本的な業務知識などを何も教えてくれないような上司は問題です。しかし、実は皆さんの周りにいる「手とり足とり教えてくれるいい上司」は、皆さんの接し方しだいでは、皆さん自身の成長を阻んでしまう原因ともなり得ます。その点には、よくよく注意するようにしてください。

よくある失敗のパターンは、新人の皆さんが上司に仕事のやり方を聞きにいって、そこで上司からアドバイスをもらうと、その段階で、新人の側が「もし、これで失敗したとしても、もう自分のせいじゃない」という意識をもってしまうというものです。

本来、その仕事はあなたに課された責任であり、たとえ上司が教えたとおりにやって失敗したとしても、その責任は変わらず新人にあります。しかし、失敗したときでも「上司の○○さんのいったとおりにやりましたけど……」という言い訳がしやすいため、こうした責任回避の思考パターンに陥るケースが多いのです。「上司にアドバイスを受けて、そのとおりに行って生じた結果責任は、自分にはない」という意識です。

たとえば「このお客さん、どう攻めたらいいですか？」と上司にやり方を聞きにいくとします。そして、そのお客さんの攻め方について上司が指示を出したとして、その上司の指示どおりに実行してうまくいかなかったら、自分のせいではなくなると、自分のなかで理屈をつけてしまうのです。

しかし、こういう思考パターンは危険です。なぜなら、このような考え方をしていると、失敗したときでも責任逃れができるよう、ある種の「保険」として何でもかんでも事前に上司に確認しにいくようになってしまうからです。

そうした責任回避の行動が重なれば、新人のあなた自身は何も考えませんから、成長の機会そのものがなくなってしまいます。当然、同期に比べての成長スピードは遅くなります。

また、たとえ本人はうまく責任回避しているつもりでも、上司の目にはそのようには見えていません。実際には失敗は失敗として、正しくマイナス評価をされ、職場でのあなたの評価がどんどん下がっていくことになるのです。

自分の責任と権限の範囲を見極める

伸びない新人ほど上司に細かく聞きたがります。皆さんはそうあってはなりません。つまり、仕事で何かわからないことがあっても、それが本来、自分で調べたり判断したりしなくてはいけないことであれば、上司に必要以上に「これでいいですか？」と聞きにいかないということです。

自分に課された責任の範囲のなかで、課題を遂行するためのアドバイスを上司に聞きにいくか、いかないかを決める権限は、もともと新人の皆さんの側にあります。眼の前の仕事に対し、まずは自分でしっかりと考えて実行してみることが大切です。その上で、どうしても目標の達成には上司のアドバイスが必要だと思えば速やかに上司に助言を求める、という順番です。

ちなみに、「この仕事については自分で判断してはいけない。何かあればすぐに私に相談しなさい」と上司からいわれているのであれば、その仕事においては上司にアドバイスを求めるか求めないかを決める権限は、あなたに与えられていないということです。何か問題があれば、そのつど上司に確認を求めるのがルールです。

どんなときでも自分で決めて、自分で試行錯誤することがよいわけではなく、あくまでも「いま与えられている責任と権限の範囲内であれば、そのなかでまずは自力で取り組むべきだ」ということです。この「責任と権限の範囲が、いま自分にはどのくらい与えられているのかを常に確認しながら仕事をする」という視点は非常に重要で、組織のなかで伸びる人材となるためには欠かせないものです。

「教えたがり」や「口を出したがり」の上司の場合にどう対応すべきか

会社の上司が本当にいい人で、ていねいに手とり足とり教えてくれる場合、あるいは教えたがりの上司などの場合、上司の側もつい善意で、本来口を出すべきではない部下の仕事にまで口を出してしまうことがあります。そんなとき、部下の側ではどう対応すべきでしょうか？

一番気をつけないといけないのは、先ほども述べたようにすべてを上司のいいなりにして、自分の責任を回避しているつもりになってしまうことです。逆に、「これは私の仕事（権限）ですから」と、あからさまに上司の助言を拒否したり否定したりする人がたまにいますが、これも、部下の立場でとるべき態度ではありません。

なぜなら、それは上司のアドバイスについて採用すべきかどうかを部下であるあなたが評価することになるからです。部下には上司を評価する権限は与えられていませんから、これはルール違反です。たとえ「それではうまくいかないんじゃないかな？」と思ったとしても、とりあえずは上司の助言に従って試してみるのが部下の仕事です。経験で勝る上司には、部下であるあなたには見えていないものが見えていることもよくあります。

ただし、その際には、仕事の到達点（目標）がどこにあるのか上司との認識を再度すりあわせるようにするといいでしょう。加えて、その目標を達成するための手段を選ぶ権限が、あなた自身にあるのかどうかもあわせて再確認します。

上司「この案件は、こういうふうにやってみるといいかもね」

部下「わかりました。ただ、念のためにゴールの共有をしておきたいのですが、今回の案件のゴールは、B社からの受注を得るということで変わりないでしょうか？」

上司「そうだよ」

部下「承知しました。あと、B社からの受注を得るための方法については、私が決めていいのでしょうか？　今回アドバイスしていただいた方法は、明日にも早速試してみますが、そのほかにも個人的に考えている打ち手があるのですが……」

上司「予算内の打ち手であれば、日報で私に報告してくれさえすれば問題ないよ。がんばって工夫してみてくれ」

こんな感じです。このステップを踏んだ上で、「では、自分はこれこれの手法で目標を達成します」というコミットメントを行うのが最適な対応でしょう。

もちろんその際には、自分が選んだ手法が組織が設定しているルール（予算・コンプライアンス・倫理面など）の範囲内にあることは必須条件となります。

聞きにいかなければいけない状況もある

逆に、仕事をしていて、すぐに上司の判断を求めるべき状況もあります。そのことについてもチェックしておきましょう。

一つには、自分の権限範囲がどこまでかわからない場合です。仕事の内容は千差万別ですから、ときには事前に予想していなかったような内容の業務が発生することがあります。そういう場合には、「この件では、自分はどこまで決めていいでしょうか？」と、権限の範囲についてすぐに上司に確認しましょう。

また、既存の業務についても、以前取り組んだときから時間がかなり経っているような場合には、外部環境やあなたに対する評価が変わっている可能性があります。ですから、同じように「この件では、自分はどこまで決めていいでしょうか？　前回と同じでいいですか？」と、いったん上司の判断を仰ぐべきです。

もう一つは、明らかに自分の権限の範囲を超えている業務が発生したり、そうした仕事を振られたりしたときです。特にこの場合には、即座に上司に確認しにいかなくてはいけません。「この仕事は私の権限の範囲を超えているようですが、本当に私がこのまま担当していいのですか？」と確認します。

この二つに該当する状況では、むしろ遠慮なく、また気後れすることなく、速やかに上司に聞きにいくのが正解です。

さらにもう一つ、「上司に聞きにいくべき状況」として、仕事を遂行するための基本的な「ナレッジ（業務知識）」がわからないときが挙げられるでしょう。特に新人のうちはこのケースが多くあるはずです。

新人がその仕事の基本的なナレッジをまったく知らないと、そもそも市場に出られません。つまり、業務の遂行がまったくできません。そのため、そういう場面では「商品知識や業務フローなどのルール」、すなわちナレッジを上司に聞きにいく必要があります。

ただし、自分に任せられた範囲とか、権限を与えられた範囲内でどうやるかといった

「ハウツー」については、安易に聞きにいってはいけません。自己の成長のためにも、また上司の時間を無駄に奪わないためにも、まずは自力で挑戦していくのです。

この二つの対応の使い分けを、的確に行うようにしてください。

この対応が正しい

以前は何でもかんでも上司に確認しにいっていましたが、それは責任回避の心理からくるものでした。今後は任せられた仕事については、できる限り自力で何とかしてみます。それで失敗しても、失敗も経験のうちだと思って、成長の糧にします！　そして、どうしても自力での解決がむずかしいようなら、上司に素直に助言を求めることにします。

08

伸びる新人は、「お客さまのために」を最優先しない

＼よくある誤解／

「お客さまのために、と考えることは新人の私にとっても大切なことです。最初に考えなければならない最重要な視点です」

「お客さま最優先。これは当社の社是です。新人の頃から叩き込まれ、よく理解しているつもりです」

その「お客さまのために」を定義しているのは誰か

見出しを見て驚く人がいるかもしれませんが、私は「会社がお客さまのために仕事をする」こと自体を否定はしません。企業とは、お客さまがいてはじめて成り立つものであり、お客さまの利益につながる商品やサービスを提供することこそが「仕事」です。

しかし、だからといって新人が、日々の仕事で「自分はお客さまを最優先して働くんだ」と考える必要はありません。率直にいって、そのように考えることは有害ですらあります。なぜなら、「何がお客さまのためになるのか」、その定義を決定する権限は、新人の皆さんにはないからです。

たとえば、「お客さまのために」という考えをとことん突き詰めていくと、自社の商品やサービスを「無料で提供する」ことがもっともお客さまのためになります。また、お客さまにとってもっとも便利なのは、早朝でも深夜でも、いつでも会社が営業していることでしょうから、24時間対応サービスも当然求められます。つまり、無制限に「お客さまのために」を追求すれば、そこに会社が維持・存続する余地はほとんどなくなります。

そのため、自社が一定の制限の下で、どんな「お客さまのために」を提示するのかは、企業や組織ごとに、現実的な範囲で決めることになります。自社もしっかりと利益を上げながら、かつお客さまにも利益があるという状態を実現できるバランスを企業は模索するのです。

そして、このバランスを決める作業は、基本的には会社のトップ、社長が行うことです。その会社の社長だけが自社の「お客さまのために」を定義し、全体の範囲を設定する権限をもっています。

社長の下の役員や部長は、それぞれの担当範囲のなかで、社長が定義した「お客さまのために」がどんな姿になるのかを再定義します。さらにその下の課長や係長も、それぞれの担当範囲のなかで、直属の上司が決めた「お客さまのために」を再定義していきます。

そうして、それぞれの部署や役職で、それぞれが自分の責任と権限の範囲内で最高の仕事をするように努力していくのが組織での仕事の進め方です。いい換えれば、会社の仕事は、お客さまから最大の評価を獲得するために「行うべきこと」が分解され、各部署・各社員に落ちてくるようになっているのです。

新人に「お客さまのために」の全体像は見えない？

皆さん新人は、この組織のピラミッドのなかでは一番下に位置する立場です。新人の立っている位置からは、社長が決定し、会社全体が取り組んでいる「お客さまのために」の全体像を見ることは困難です。新人に見えるのは、直属の上司から設定された眼の前の仕事だけです。

しかし、その「眼の前の仕事」こそが、細分化された「お客さまのために」なのです。新人の皆さんがすべきことは、みずからが直接的に「お客さまのために何をすべきか」を考えることではありません。組織のなかで、分解されて上から降りてきている「眼の前の仕事」、すなわち「上司から求められていること」にひたすら集中して、課された責任を達成することです。それこそが、結局はもっとも効率的に「お客さまのために」を実現することになります。

眼の前に提示されている仕事に100%集中するだけでよい

それなのに、それぞれの社員が自分なりの立場や解釈で「お客さまのために」を最優先する思考でいると、大抵は過剰サービスやルール違反につながることになります。

組織で決められているルールをちょっとだけ曲げて、個々のお客さまの無理なリクエストに応じたり、特定のお客さまだけに特別なサービスをしたりする行動につながりやすいのです。

しかし、こうした行動はその特定のお客さまにとっては有利になり、また喜ばれることはあっても、会社にとっては不利益をもたらします。本来、「当社ではここまでのものを提供しよう」と決められているもの、ルールを、現場の社員の判断で歪めていることになるからです。また、会社の利益とお客さまの利益のバランスを崩してしまいます。特別なサービスや扱いを受けられなかったお客さまに、不公平感が広がることもあります。

会社とお客さまの利益のバランスが崩れ、多くの顧客に不信感をもたれたビジネスは、長く存続することはできません。そんな破局の遠因にもなり得る過剰なサービスやルール違反をした新人は、上司や会社には非常に低い評価をされることになるでしょう。

状況によっては、自社が提示している商品やサービスが、あなた自身の消費者としての経験や知識、感性などからして、「お客さまにとっての利益がちょっと少ないかな」と感じられることがあるかもしれません。しかしそれでも、「お客さまにとっての利益の多寡を判断する機能は、新人にはない」ことを理解し、勝手に特別なサービスをしないよう心がけてください。

気づきを報告することは新人の役目

ただし、現場でお客さまと直接対面し、お客さまの情報を収集することは、新人に課されている大きな役割の一つです。そのため、もしお客さまと対面するなかで、「自社のこの商品やサービスは、明らかにお客さまのためになっていない」とか、「上司も気づいていないマイナスなことが、自社のお客さまに起きている」といったことに気づいたのであれば、その事実は速やかに上司に報告するようにしましょう。

実際にその商品やサービスがお客さまのためになっていないかどうかは、上司が判断します。新人は自社の商品やサービスがお客さまのためになっていないかどうかを判断するだけの知識や経験はなく、そのための権限も与えられていません。このとき、勝手な判断で上司から課されているルールを破るのは禁物です。

あなたから報告された情報を基に上司が判断を下します。あるいは、直属の上司だけでは判断できない事柄であれば、さらに上へ上へと報告され、適切な段階で判断がされて指示が戻ってきます。そうしたらその指示に従って、はじめてお客さまへの対応を変えるようにしましょう。

「お客さまのために」を言い訳にして、新人が自分の権限を超えて、勝手な判断をすることは組織内では許されないことを肝に銘じてください。

この対応が正しい

「お客さまのため」であれば、すべてが許されると思っていました。ですが、お客さまの要求は多岐にわたり、そのすべてに応えることはできません。また、「何がお客さまのためになるか」を決定しているのは、上司や、最終的には社長ですから、新人の私は、眼の前に設定された仕事の範囲のなかで成果を出すことに努めます。

Chapter 3

伸びる新人は無駄に立ち止まらない

伸びる新人の「選択眼」

01

伸びる新人は、独立しないのなら「経営学」を学ばない

＼よくある誤解／

「経営学は将来のボクたちにとって、とても大事だと思うよ。何より経営に関して幅広い知識が身につくしね」

「会社の戦略が正しいかどうか、弱点を検証する上では経営学が重要です。それは、社長が入社式のときに話していた『経営者の視点に立って』ということにもつながります」

新人が経営感覚を身につけることの善し悪し

新人の皆さんが若い頃から経営感覚を身につけるために、「経営学」を学ぼうという姿勢そのものを否定するつもりはありません。また、目線を常に高く掲げることや、経営感覚を身につけるといった行為が推奨される組織があるのも事実です。ただ、このChapterでは、その「目線を上げることや経営感覚を身につけることで生じる危険性」について述べていきます。

そもそも、新人の皆さんが経営学を学び、経営戦略について知る行為は、何か意味のあることなのでしょうか？　私は、新人の皆さんが経営学を学び、経営戦略を知ることは、普段の業務にはまったく必要がなく、弊害を生む行為だと考えています。

なぜ、意味がないのか？　経営学を学ぶと、「自社の経営戦略はこれでいいのだろうか」と考え出してしまう可能性があるからです。すると、自分に与えられている業務に対しても、「これでいいのだろうか」とか「誰のためにやっているのだろうか」「この業務が社業、ひいては世の中のためになるのだろうか」と、連鎖して疑念が湧いてくることになります。

そうした疑念は、あなたの成長を止めてしまうことになりかねません。つまり、新人の皆さんが経営学を学ぶことは、皆さんの成長にとって「害がある」とまで断定はできなくても、少なくとも成長を止める「危険性をはらんでいる」ということです。

新人の皆さんは、会社全体の方向性を決定する立場ではありませんし、その権限もありません。責任をとれないポジションの人間が、会社全体の方向性を判断できないにもかかわらず「経営学」の視点をもつと、そもそも判断する権限のない会社全体のことを考えすぎてしまう、という状況が起こりやすくなります。すると、本来やらねばならない仕事であったり、その立場における成功や失敗から学んだりすることに対して、集中力が落ちてしまうのです。

責任を負っている感覚が乏しくなる

さらに留意すべきなのは、責任そのものに対する感覚が乏しくなってしまうことです。つまり、仕事で何かがうまくいかなかったときに、自分の勉強した知識と照らしあわせて「(自分ではなく) 会社の戦略が悪かったのではないか」という言い訳の材料として、知識を使いがちなのです。「本当に、会社の戦略はいまの時代に合っているのか」「わかる範囲で一度分析してみよう」「こっちのほうが正しいのではないか」といった気持ちが働きはじめ、「いや、この戦略はちょっと違うぞ」などといった理屈をめぐらせはじめてしまうのです。

これらの思考は一見、経営感覚を身につけ、高い目線で、つまり広い視野で物事を見ることができているという感覚を生みます。しかし、その目線が実際に新人の皆さんにとっての得になっているか損になっているかでいえば、まったく得になっていません。

また、上司が新人の皆さんに対して抱く「イメージ上の評価」から考えても、マイナスの要素しかありません。「眼の前のこともちゃんとできず、やりもしないのに、評論家のような立ち振る舞いばかりしている」と悪影響を及ぼすのです。

とにかく眼の前の仕事に集中する

経営学に限らず、何らかの「学びを得よう」とする姿勢そのものは「悪」ではありません。確かに「身の丈にあった必要不可欠な知識」というものは存在します。ですから、その学びが「身の丈にあった知識」であるかどうかの選択を間違えないことが大事なのです。学ぶべき知識の選択を間違えると、眼の前のことに集中するときに邪魔になってしまう可能性がある、ということを理解しておきましょう。

いくら「学」があっても、また、いくらケーススタディで学んで考察しても、その良否が判断できる立場になり、その責任を担ってみないと、本当の意味での正しいジャッジ、すなわち「本当の判断・評価」はできません。

新人の皆さんは、自分もそのように判断・評価できる立場なのだと勘違いしてはならないのです。

経営学は、近いうちに独立して起業しようとでも思っているのではない限り、新人には必要のない知識です。経営学を学ぶくらいであれば、その前にまず、いま新人の皆さんに与えられた責任を果たす上で必要な知識を勉強したほうが断然いいでしょう。そして、その知識に関して誰よりも詳しくなることで、いま置かれている立場での成果を残すことに集中しましょう。そのためにこそ、自分の時間を使うべきです。

眼の前の仕事に全力で取り組む行為を積み重ねていくと、いつかは本当に経営学を必要とする立場になることができ、また学ばなければ仕事ができないような状況になってきます。そのタイミングで、しっかりと学べばよいのです。

この対応が正しい

新人という立場で「経営者の目線」をもつ必要はありません。身の丈にあわない知識は、眼の前の職責を果たそうとする際の邪魔にもなり得ます。何か判断の拠りどころになる知識がほしいところですが、それは経営学ではないんですね。まずは眼の前の仕事に集中します。

02

伸びる新人は、無駄に本を読み頭でっかちにならない

＼よくある誤解／

「知識が豊富だと、議論しても負ける気がしないんですよね。それが私の交渉力にもつながっているように思います」

「指示されたら即実行！　というタイプは、実は苦手です。何も考えてないっていうか、自分がそういうタイプに思われるのは、正直いってイヤですね」

知識は行動の選択材料にはならない

このパートも、前項の「01　独立しないのなら『経営学』を学ばない」と同様に、趣味としての読書や、教養を得るための読書など、本を通したすべてのインプット行為を否定するものではありません。

たくさん本を読んで多くの知識を得ることは、一般には頭のなかにいろいろな選択肢が増えて、よいこととして捉えられています。しかし、実は中途半端にインプットしただけの知識は選択材料にならない、というよりも、選択の材料にしてはならない、ということを理解するべきでしょう。

むしろ「新人の仕事においては、知識は行動の選択材料にはならず、行動を停止させる材料にしかならない」と考えておいたほうがよいくらいです。

たとえば、本を読んで「こういうふうに営業してみるとよい」という選択の材料があったとします。その材料を使って実行してみたら、「この部分はうまくいき、この部分はうまくいかなかった」という結果が当然ながら出てくるはずです。

ここまでできていれば、次に同じシーンがあったときに、「このことはやらなくていいけど、このことはやったほうがいい」といった判断ができるでしょう。これは本で得た材料が経験化されて、自分の血肉となってしっかり使えている状態です。この状態までもっていってこそ、ようやく本を読んだ価値があります。

行動する前に、「動かない理由」を抜き出していく

しかし、消化できていないままの中途半端な知識が肥大化してくると、「これは、たぶんうまくいかない。なぜなら、あの本にこう書いてあったから」というように、すべての事柄を行動してみる前に知識で判断するようになってしまいます。

本を読んで、使わないまま知識だけを蓄積していくと、いわゆる〝頭でっかち〟の状態になるのです。これは、新人の皆さんにも想像できるでしょう。

そして、この頭でっかちの状態だと、行動が鈍りませんか？

なぜ動かなくなってしまうのか。多くの知識から、「動かない理由」を抜き出すようになってしまうからです。そのために、頭でっかちのままの人は行動が鈍化したり、そもそも動きが停止したりして、その挙げ句に成長も停止してしまいます。

PDCAの「P」で停滞

読書は「知識のインプット」です。PDCAサイクルでいうと「P」にあたります。前述したとおり、新人にとってのPDCAでは実行の「D」が重要です。知識も、「使う」という「D」を重ねて血肉にしなければ、まったく意味がありません。意味がないどころか、行動を停止させる、つまり「P」で立ち止まる材料になってしまいます。

私がある会社の新入社員だった頃、「絶対に将来は経営者になる」と宣言し、長い間、いろいろな経営書を読んだり、ビジネススクールに通ったりしていた同期入社の人がいました。熱心にいろいろな経営者の言葉をメモしたり、インプットを繰り返したりしていたのです。

その結果、彼はどうなっていったか——。単に知識を増やしただけで、どんどん動きが鈍くなってしまいました。「知っていると、できるは違う」とよくいわれますが、本を読みすぎていると、知っていること自体に「大きな利益・優位性がある」と錯覚してしまうのです。

「知っていること」では利益を得られない

しかし実際には、知っていることで利益を獲得できる瞬間というのは、「知識の量をつい競いあってしまう飲み会の場」くらいです。「知っているだけでは、何も利益を獲得することはできない」ことを理解しないといけません。

「知っている」ことを「できる」ことに向上させていかなければ、利益は獲得できません。利益を獲得できるようになるには、本を読んだ上で、得た知識を基にまず実行することが必要です。そうして知っていることが使えるようになってはじめて、その知識は新人のあなたにとっての血肉になり、あなたが利益を獲得するための要素・材料になるのです。

本を読みすぎて「知っている」ことの量だけ増えて、どんどん動けなくなることは、「できる」に変換する能力がどんどん減っていくことだと理解してもいいでしょう。この変換能力の減少は、すぐに元どおりに戻せるものではありません。だからこそ、「行動することの大切さ」を、若い人ほど肝に銘じておく必要があります。

世の中にコンテンツはあふれていて、対価を払わずとも多くの情報を獲得できる状況になってきました。そのため、本だけではなく、獲得可能な情報量そのものも増えています。だからこそ、「知っていること」そのものには重きを置かず、知識のインプットだけで一生が終わってしまうようなことがないように、心がけておきたいものです。

この対応が正しい

インプット自体は悪ではありませんから、無限にあっても困るものではないと思います。しかし、少なくともビジネスにおいては、インプット・アウトプットをバランスさせないと、行動しない・できない人間になってしまうんですね。常にアウトプットして有用性を確かめながら、知識を吸収することを心がけます。

03

伸びる新人は、実行する前に考えすぎない

＼よくある誤解／

「仕事では、綿密なプラン・計画が必要ですね。それが綿密なものであればあるほど、より実効性が高まります！」

「まずは実行あるのみっていうのはわかるんですけど、結局、失敗したらまずいじゃないですか。うまくいく確証がないと、正直なところ手を出しにくいですね」

「できたか、できなかったか」は常に実行した先にある

どんな仕事でも、その仕事が「できたか、できなかったか」は、結局、実行した結果として現れます。そして、実行して上司という他者の評価を受けて、その結果と評価のギャップを認識し、それを埋めることが成長につながります。ですから、実行する前にその手法や仮説が正しいかどうかは判断できません。まずは実行してみるということが重要なのです。

ところが思慮深い人、地頭がよい人、学歴の高い人などは、一般的な傾向として、どうしてもいろいろと考えすぎてしまうことが多いようです。その考えすぎてしまう状態のとき、準備や計画、プランというものは何をもって行うのでしょうか?

――それは知識です。過去の経験によって得た知識も含めて、知識を活かして計画します。だからこそ、過去にやったことがある業務であれば、経験済みの知識が活かされ、精度の高い計画が立てられます。

しかし新人の皆さんには、仕事で過去に実行したことがある業務はほとんどありません。つまり、思慮深い、地頭がよい、学歴の高い新人は、過去に経験したことがないことについての計画を、人から聞いたことや本で読んだことを参考にして立てていきます。し

かしそれでは、計画そのものはよくできていても、実効性・実現度の観点から精度の高い計画とはなっていません。

新人の皆さんは、そもそも「実効性・実現度の観点から精度の高い計画」を立てることはできないのだ、と理解しておきましょう。

「決められることを実行し、生じたギャップを認識・修正する」のが王道

繰り返しになりますが、特に新人の頃は、まずは実行してみることです。そして、「あ！　ここが間違っていた」とミスに気づいた場合は、スムーズに進んでいた場合とのギャップを明確にして、そのギャップを埋めていく作業を素早く繰り返します。つまり、微修正を繰り返しつつ進むほうが、より早く正解に近づきます。

成功に近づく一番簡単な方法は、まず自分の権限・責任の範囲内で決められることを決めて実行し、そのことで生じたギャップの認識をして修正する――この作業を何度でも繰り返すことです。これが、新人が確実に成功に近づく王道であり、これしか方法はないということさえできます。

その成功に近づくルートの上で最大の障害になるのは、実はミスに気づいてあと戻りを

する時間ではなく、何もできないまま「停滞している時間」です。動かない時間であり、時間だけがすぎていく〝ロスタイム〟といっていいでしょう。動かない時間こそが、一番無駄なのです。

新人は「動かないこと」、役員・社長は「決めないこと」が危険

ただし、これはあくまでも「新人である皆さんだからあてはまること」だと認識しておいてください。役員や社長など責任と権限が大きな立場にいる人では、会社が傾くような危機に直面したとき、重大なジャッジをするために入念な情報収集が求められることもあります。すなわち、「P」の段階に時間をかけることもあるでしょう。その状況を新人の視点から見れば、「上の人は考えているだけで、何も動かない」という不満につながるかもしれません。しかし、そのように見えるのは、実は責任と権限の大きさの違いによるものかもしれないのです。

いずれにせよ、最後は意思決定して実行しないといけません。新人の皆さんにおいては、「決める権限」はないので動かないことが危険なのですが、経営者においては、「決めないこと」「決めずに動かないこと」こそが最大の危険なのです。

皆さんは新人ですから、重大な意思決定をするような場面に直面することはありません。それは安心してください。また、新入社員の失敗によって、会社や組織が重大な危機に直面するようなこともありません。ですから恐れずに、自分がやろうと思うこと、自分がいいと思ったことに対して、実行するスピードをどんどん速めていきましょう。それこそが、あなたが成長し、正解に近づくための最短ルートです。「やったことがないことを、やる前に考える」のは、ただの無駄な時間でしかないことを理解すべきです。

この対応が正しい

私のとった手段が正しかったかどうかの評価は、実行した先で上司が判断することです。新人は、速やかに実行し、失敗したら改善する。この繰り返しが成長につながります。やったことがないことを、やる前に考えるのは、時間の無駄ですね。

04

伸びる新人は、会社の問題・課題について同期で議論しない

＼よくある誤解／

「同期の飲み会で会社の話がはじまると、結構楽しいんですよね。よくも悪くも、会社の将来についてあれこれと話すのって意義がありますね」

「同期間で、お互いの上司の情報を共有することは結構ありますね。いろんな上司がいることを知っておくのも、今後の仕事に役立ちそうだし」

現場で起きている事実は積極的に報告する

会社のなかで、新人の皆さんは上司や会社に何を伝えなければならないでしょうか？いくつか述べてきましたが、思い出せますか？

たとえば、「現場ではこういうことが起きています」とか、「こういうお客さまの意見があります」といった現場に寄せられる声です。これらは、上司や会社にとってすごくプラスになる情報です。そのような情報は自分が現場にいるからこそ知り得ることですから、自分の責任において、「事実に基づいた提案」として積極的に上司に上げてきましょう。

しかし、同期で会社の問題や課題を議論するのは、これとはまったく意味が違います。そのような会話では、いろいろな部署の同期社員が集まって、会社の経営戦略とか商品戦略について「アレはいい、コレはダメ、もっとこうあるべきだ」といった話をすることになるはずです。こうした会話は、率直にいって、あなたにとって意味がありません。そして、他の同期の新人にとっても意味がありません。会社の問題について評価したり、修正・決定したりする権限や責任を誰ももっていない状態での議論だからです。

「もっとこうあるべきだ」などと持論を展開して、「熱い時間だった」と心地よく振り返ることがあるかもしれませんが、それも新人の皆さんにとっては無駄な時間です。無駄な時間であるばかりか、会社の方針についてお互いに話をして、いろいろなことを考えるわけですから、「自分の仕事は、このままでいいのかな?」といったように、自分も他の同期も眼の前の仕事に集中できなくなってしまう危険性をはらんでいるのです。

「盛り上がるのはネガティブトーク」の法則

同期で会社のことを話すときに一番盛り上がるのは、「自分のところの上司がどうであるか」といった話でしょう。無責任な状態で自分の上司を批判してみたり、会社を評価してみたりする時間は、実は一番楽しく、一番ストレス発散になるように感じるものです。

しかし、新人は会社を評価する存在ではなく、会社から評価されなくてはならない存在です。直属の上司からの評価を獲得しなくてはいけない存在でもあります。これは紛れもない事実です。

そうした存在である新人が、無責任な状態で自分の上司や会社を批判したり、評価したりする会話は、新人にとって何のプラスにもならないばかりか、上司や会社のやり方について、何かうがった目で見てしまうことにもなりかねません。新人の行動を鈍くし、行動力を鈍化させる会話以外の何物でもありません。

ですから、もしも同期がそうした会話で楽しんでいるのを見たときには、その場で「そういう話はつまらないから、やめようよ」というのが一番いい選択です。あるいはそう伝えることがむずかしいのであれば、あなただけは、自分がそういう会話に加わる立場にはないことを理解した上で、話をあわせてやりすごようにするといいでしょう。

伸びる新人同士の会話は生産性と経験を共有する

では、新人同士はどんな会話をしたらよいのでしょうか？

いま与えられている業務を乗り越えるにあたり、「こういう気持ちでやっているよ」といった、うまくいったエピソード、また、「こういう失敗をしちゃったけど、こういうふうに気持ちを切り替えてやっているよ」といった、うまくいかなかった部分を修正しているエピソードです。眼の前の業務を行っていくにあたって、マインドを前向きに共有することは、未来志向で生産的な対応でしょう。

あるいは、「こういうタイプのお客さんがいて、こういうふうにやってみたらうまくいったよ」などと、眼の前の仕事を一生懸命やっている経験の共有、業務上で得た気づきや、自分自身の活動のなかで見つけた問題点の共有、さらには前述した「事実をベースとした提案」について周りの人の意見を聞くことなどもいいでしょう。知識として得た情報ではなく、経験から得た情報は、同じ立場にいる同期の新人にとっても役に立つ可能性が大きいはずです。

この対応が正しい

会社の問題を、同じ末端の立ち位置にいる社員同士で論じても意味がないんですね。同期との会話は、新人にとっては心の拠りどころになることもありますが、あくまでも自分の責任の範囲で起きた事例の共有にとどめるべきだと心がけます。同期で会社・上司について議論するようなことは、ストレスの発散にはなっても、業務上の課題解決にはつながらないのですから……。

05

伸びる新人は、「モチベーション」という言葉を使わない

＼よくある誤解／

「上司の指示することばかりやらされても、モチベーションは上がりません。もっと自由に、クリエイティブにやらせてもらわないと……」

「挑戦するにはモチベーションを高く保つことが大切です。それができれば、大概のことは乗り切れるように思います」

モチベーションが上下することは致し方ないが……

人間、誰にでもモチベーションはあり、それが上下することも否定はしません。モチベーションが高い状態にあり続けることは、仕事をしていく上で望ましい状態です。

ただし、モチベーションが高かろうが低かろうが、給料をもらっている以上は、ベテラン社員であろうが新人であろうが、会社に対して給料以上の対価を返さなくてはいけない存在であることは変わりありません。この事実は、モチベーションの高低に関係なく、揺るがないのです。

対価以上の働きができない状態は、新人の1年間くらいは会社側も想定内です。ところが、その状態が数年続くようであれば、あなたが勤めている会社に今後も所属し続けることは、しだいにむずかしくなってくるでしょう。同様の社員がたくさんいるようになってくると、その会社がつぶれてしまうからです。

つまり、現在の職場で働くことを選択した以上は、モチベーションの高低によって「やる、やらない」を選択することはできないということをまず認識しなければなりません。

モチベーションの源泉は、眼の前のことから逃げずに乗り越える経験

新人の皆さんは、社会人になる前の学生時代、部活動や勉強での経験を思い出してみてください。部活をはじめたばかりの頃、たとえばバスケットならば、レイアップシュートができなかったとき、また、試合でミスが続いて何をやってもうまくいかないと思ったときなどの経験です。少しシュートがうまくなると、「もっとうまくなりたい」とモチベーションが上がってくる経験をしたことがあるはずです。勉強も同じで、まったく解けなかった問題が解けるようになったときに、勉強が楽しくなった経験があるでしょう。

このように、ストレスやつらい状況を乗り越えて、自分ができなかったことができるようになったとき、その成長の実感がモチベーションを生みます。

仕事で発生するモチベーションも同じです。モチベーションは、その仕事において「できなかったことができるようになったとき」に発生します。つまり、仕事のなかでモチベーションを正しく発生させたいのであれば、眼の前のことから逃げずに、それを乗り越えることが必要です。その乗り越える経験が、モチベーションの源泉になるのです。

つまり、モチベーションについては「モチベーションが高まらないからやらない」といったことはあり得ませんし、「うまくいかない状態のときには、モチベーションを高く

もって乗り切ろう」といった指導もあり得ないということです。

モチベーションは他から得られるものでも、与えられるものでもない

乗り越えるのがつらい状況があるとき、たとえば遊びや友だちとの会話、家庭などのプライベートの部分で気分転換をして、モチベーションを上げている、という人もいます。そのように自分自身の気持ちを紛わらせて、リフレッシュをすることを「よくない」ことだと否定はしません。しかし、それによってモチベーションが上がったという感覚は、実は錯覚にすぎません。よくいって「勘違い」です。なぜなら、眼の前にある「やらねばならない」事態は動かず、そこに明確に存在したままだからです。

モチベーションは他者や環境が与えてくれるものではなく、自身の内側から内発的に発生してくるものです。「伸びる新人」になりたいのであれば、この点を勘違いせず、モチベーションの有無や高低といったことなど気にせず、またそうした言葉を使わずに眼の前の仕事に邁進しましょう。

ワーク・ライフ・バランスも冷静に見極めよう

詳しくは後述しますが、ワーク・ライフ・バランスもモチベーションと似たような構造をもっています。そのため、冷静に捉える必要があります。「自分の仕事以外のところで、何か充実できる楽しいものを見つけ、それを生きがいにする」ことをワーク・ライフ・バランスだと捉えれば、残念ながらそれは実現しません。仕事にも休息が必要ですが、仕事とは別の何か充実した気持ちになれる楽しいものをモチベーションの源にして、仕事に取り組むことには限界があるからです。

結局、糧を得て、成長する場である職場においては、内発的にモチベーションを発生させられなければ苦しい状態が続きます。だからこそ、「ライフ」の部分に回避して、「バランスを保つことが大事だ」などと勘違いをしてしまうのでしょう。

ところが、つらい状態を乗り越えて、モチベーションが内発的に発生する経験をすると、次につらいことがたくさんやってきても、それはつらいことばかりではなくなります。乗り越える意義も見い出せるようになります。その段階に達している人が、生活や人生、つまり「ライフ」の充実も大事であると考えることこそがワーク・ライフ・バランスです。

早い段階で、そういったモチベーションを得る経験をしておかないと、職場がただ労働するだけのつらい場所になってしまいます。そして、新人のあなたは、言い訳ばかりの「逃げる人間」になってしまいます。それでは、自分はもちろん誰にとっても不幸な事態を招き、ワーク・ライフ・バランスの実現も到底困難な状態になってしまうでしょう。

この対応が正しい

「モチベーションが上がらないから、やらない」というのは、本末転倒の最悪の考え方です。意欲の浮き沈みはあったとしても、眼の前の責任から逃れられないのが現実ですから、小さなことでもハードルをクリアすることによって、達成感を得ることに集中していきます。その達成感こそがモチベーションを生むんですね。

Chapter 4

伸びる新人は流行に流されない

伸びる新人が獲得する「他者評価と対価」

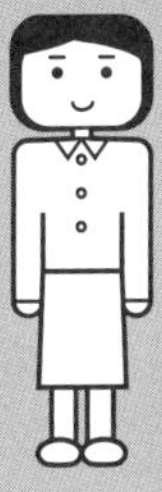

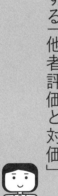

01

伸びる新人は、「自分らしく」なくてもすぐには辞めない

＼よくある誤解／

「他人がどう思おうと、自分で自分のことを評価できる前向きな人間でいたいと思います。それが結局、皆の幸せにつながるようにも思います」

「自分らしく生きることは、仕事の上でも大切にしたいですね。それが実現できそうにない職場なら、すぐに転職するのも一つの選択肢です」

対価につながらない「自分らしさ」では暮らせない

人生はどこへいっても、また、どこまでいっても、「対価を獲得しよう」「生きていこう」と思ったら他者からの評価を獲得しなければなりません。何度も述べたように、自己評価だけでは生きていけないのです。

他人からの評価を獲得しなければ、お金はもちろん誰かからオファー（提案）をもらえるとか守ってもらえるといったことも含めて、「対価」を得ることはできません。対価がなければ、当然生活していくこともできないのです。これは新人であるかどうかにかかわらず、逃れがたい事実です。私たちは誰もがこの現実に向きあう必要があります。

皆さんが自分らしさを追求することを私はまったく否定しません。しかし、どこまでいっても先の事実からは逃れることはできないので、自分らしさばかりを優先して、自分がまったくストレスを感じない生き方を選んでいけば、皆さんの生活は確実に苦しくなっていくでしょう。

たとえば、ごく一部の成功者を除いて、自分らしさを研ぎ澄ましていくことばかり考えているアーティストの多くが、経済的には困窮しているケースが多いのも、この厳しい現実を反映したものです。ものすごくマニアックなパフォーマンスをしても、多くの評価や対価を得ることはできないので、それでは食べていけません。

そうではなく、本来あるべき「自分らしさ」とは、常に他人からの評価を獲得して、対価を手にし、きちんと生活していきながら少しずつ実現していくものなのです。

対価に直結する自分らしさをめざす

他人からよい評価を受けることができる「自分らしさ」なのであれば、それらは対価に直結します。自分らしく働きながらも、きちんと生活していくことができるでしょう。

先ほどの例でいえば、作品が市場で評価されている、売れっ子アーティストの個性や芸風のようなものです。なかには、評価のことを考えずに自分らしさで突っ走り、結果的にそれが評価されて生活できるようになる奇才や天才もいます。ですが、それはごくごく少数派であり、狙ってできることではありません。売れているアーティストの大半は、どんな「自分らしさ」が市場で評価されるのか常に試行錯誤しながら、対価を得られる部分を伸ばしていくことに余念がありません。

そして、ビジネスの領域における新人も、やるべきことはこの売れているアーティストとまったく同じです。

自分らしくあろうとすること自体には、何も問題はありません。しかし、それを「自分らしくあるためには、他人の評価を無視してもいい」などと勘違いしてはいけません。そうではなく、仕事においては直接の評価者、つまり直属の上司の評価を得られる状態で、自分らしさを伸ばしていくことが正解です。そうすれば、無理のない状態で「自分らしく生きる」ことも、十分にできるようになります。

現状から逃げているだけなら、どこにいっても「私らしくない」が続く

繰り返しますが、他人の評価を得られない自分らしさは、特に仕事においてはマイナスです。あなたが得られるリターンを確実に減らしてしまう損な選択といえます。

仕事でストレスを感じたとき、そのつらさゆえに「これは、私らしい生き方じゃない！」と考える人もよくいます。しかし、他者の評価を得ようと仕事に取り組み、成長しようとする際には、ある程度のストレスは避けられないものです。

何度か述べたように成長には失敗が不可欠です。失敗にはストレスがともないます。ですから、成長とは一定のストレスを常にともなうものです。

それなのに、少しのストレスにさらされただけで、「自分らしい生き方ができないから

イヤだ」と、入社した会社をすぐに辞めてしまう新人が毎年たくさん出現します。新人として会社に入社し、いざ勤めてみるとどうも想像していた社会人生活とは違う。ストレスもきつい。毎日、ぐったりして家に戻り、疲れて寝るだけの毎日――。「こんなの、私じゃない！」と、1か月も経たずに会社を辞めてしまう、というよくあるパターンです。あるべき「自分らしさ」について理解できていれば、これも、間違った選択であることがわかるでしょう。本来なら辞める手前の段階で、新しい環境で上司の評価を獲得しながら、自分らしく生きるにはどうすればよいかを突き詰めて考えるべきです。

誰かから評価を獲得し、対価を得なければ生活していけないという原理原則は、たとえいま勤めている会社を辞めても、あるいは別の会社に勤めても、一生変わりません。もちろん職業選択の自由は誰にでもありますから、絶対に辞めてはいけないわけではありません。しかし、「完全にストレスのない、自分らしい生き方」など、どんな会社・組織・集団・社会でも実現しません。

それを理解した上で、それでも何か確固たる理由があって辞めるべきだ、転職すべきだと考えるのであれば、それは辞めればいいでしょう。しかし、現在の成長へのストレスから逃げたい気持ちだけで辞めようと考えているのであれば、また、その際に自分への言い訳として「自分らしさ」を使っているだけなのであれば、いまの職場で自分がやるべきことは何か、もう少し踏みとどまって考えるべきだと思います。

評価の先に「自分らしさ」がある

人は、他人の評価を得ながら自分らしく生きるしか生活する方法はありません。そして、評価とは何かを実行した先にあるものです。何も実行しないうちから、「この会社では評価を得られないだろう」と予想できるものでもありません。

少しくらいのストレスにさらされたからといって、すぐに会社を辞めることを考えず、ひとまずは現状で最善を尽くすことを心がけてください。そうして、他者（この場合は上司）の評価を受けた上で、正しい自分らしさを追求していきましょう。

こうした姿勢が身についている社会人であれば、仮にしばらくしてからいまの会社を辞めて、他社に移ったとしても、そこでも成長できますし、評価もされる人材になることは間違いありません。

なお、ストレスが過大すぎて健康に大きな害を生じているような場合は例外です。医師の診断があるような場合は、無理に働き続けるのは危険です。ケース・バイ・ケースで、必要な対応をとるようにしてください。

この対応が正しい

一見、「自分らしい生き方」を貫いているような人でも、常に誰かの評価を獲得し、対価を得ながら生活しています。新人の私の場合は、まずは職場で上司からの高評価を得て、対価を獲得するなかで〝自分らしさ〟を追求していきます。

02

伸びる新人は、「嫌われる勇気」を誤解しない

＼よくある誤解／

「上司や同僚に嫌われたってかまいません。自分を信じて、わが道をいくのみです。その考えで突き抜けてこそ、飛躍的な成長ができると信じています」

「結局、最後は自分がどう思うかですよね。自分自身が納得できなければ、つまらない人生だと思います。他人がどう思うかを気にしながら生きていくのは、しんどいですよ。仕事でも同じです」

独りよがりの「嫌われる勇気」を発揮してはいけない

２０１４年頃に、『嫌われる勇気』というタイトルの書籍がベストセラーになりました。この本では、アルフレッド・アドラーというオーストリア出身の著名な心理学者・精神科医の思想をわかりやすく解説していました。

そのなかで述べられていた「嫌われる勇気」の本当の意味は、一度決まった他者の評価をあなたが変えることはできないのだから、嫌われるときにはどうしたって嫌われる。心理的な安定を得たいのであれば、そこにはこだわらないほうがよい、というようなニュアンスだったかと思います。

しかし、本の刊行から時間が経ち、またこの本が非常に多く売れたことから、「嫌われる勇気」という言葉が一人歩きし、多くのビジネスパーソンに本来の意味とは異なるかたちで受けとられているのではないか、と最近感じています。

特に若い人に多く見られる誤解は、「自分に対する相手の評価を、自分は変えられないのだから、評価されること自体、放棄してよい」というものです。

たとえば、職場で上司から指示を受けたとき、その内容について、イマイチ納得がいかない気持ちになることがあります。それは、十分にあり得ることです。そんなときに、

「この指示に従うとイヤな気分になるし、モチベーションも上がらない。だから、直接催促されない限りはスルーしておこう。それで上司に嫌われたってかまわない。どうせ、上司がどう評価するかは変えられないのだから。『嫌われる勇気』さ」という感じで、上司からどんな評価を受けるかにはこだわらず、自分の好き嫌いを優先させる理由として「嫌われる勇気」が使われることがあるのです。

これは、大間違いです。特に新人の皆さんが仕事でこんなふうに考えて働いていたら、組織内でのあなたの立場はどんどん悪くなっていくでしょう。

現実逃避の勇気は成立しない

新人の皆さんは、自分自身の判断でその会社に加わる決断をしたはずです。そうである以上、あなたはその組織内では、直属の上司から評価を獲得しなくてはいけない存在です。組織のなかで自分に配分された責任を果たし、それによって上司から評価され、対価を獲得することで生計を立てています。

この構造を考えれば、直属の上司からの評価を得られるかどうかは、あなたの生活や将来に大きく関わる重大な要素だ、ということがわかるはずです。上司から嫌われようが、自分が気ラクで、働きやすければそれでよいなどという考えは、勇気でも何でもなく、現実逃避にすぎません。そもそも成立しないのです。

それなのに、嫌われる勇気を誤解してそういう対応をしていれば、遅かれ早かれ組織から排除されてしまいます。

アドラーが述べていたのは、あくまでも心理学的な対処法であり、他人に嫌われたり低い評価をされたりしてしまったときに、自分のなかでどう折り合いをつければよいかを示したものです。そもそも評価されること自体を放棄してもよい、という話ではないことをしっかりと理解してください。

失敗を恐れる気持ちを和らげる

これから社会のなかで、また組織のなかで成長していこうとする新人であれば、「嫌われる勇気」はむしろ挑戦への発奮材料として活用することをおすすめします。

新人のうちはどの業務もこれまで経験したことがありませんから、眼の前の課題にどのように取り組むかを一つずつ考え、実行していくことになります。その実行のなかで、新人の皆さんはスキルやノウハウを身につけていきます。

その際、とにかく素早く実行することが重要で、たくさん失敗をしながら改善を重ねていこう！　というメッセージを本書では再三述べてきました。

ところが、その挑戦して失敗すべきときに、新人によっては失敗に対して大きな恐怖心やためらいを感じることがあるのです。おそらく性格的なものもあって、これまでの人生で失敗経験を多くは積み重ねてこなかった人なのでしょう。最近では、特にそういう人が増えている印象もあります。

嫌われる勇気を発奮材料に

「嫌われる勇気」はそうした局面で、恐怖心やためらいを乗り越えるためにこそ使うべきです。自分なりに一生懸命取り組んだとき、「お客さまがどういう反応をするか」「嫌われるのではないか」「評価を得られないのではないか」といった不安・心配はどうしても生じます。実際に失敗して、上司やお客さまに怒られることもあるでしょう。

しかし、そうした失敗に対する不安や心配、あるいは恐怖心やためらいといったものが大きくなりすぎると、新人の皆さんの手や足が動かなくなり、素早い実行ができなくなります。結果、成長を妨げることになってしまいます。

そうした事態を避けるために、「嫌われる勇気」を使いましょう。つまり、「失敗してお客さまに嫌われたり、上司に低い評価をされることがあっても、それはもう自分にはどうにもできないことなのだから、クヨクヨせずにどんどん挑戦していこう！　次の成功で評価を獲得すれば、それでいいんだ」と、前向きに眼の前の仕事に取り組むための発奮材料にすればいいのです。

これこそが、ビジネスパーソンにとってのあるべき「嫌われる勇気」の解釈です。

この対応が正しい

「嫌われる勇気」をもつことは、評価されることを無視してよい、という意味ではありません。確かに、たとえ自分が他者からの評価を無視しても、物事が他者評価で進行していく現実は変わりません。これからは挑戦の結果としての失敗や低評価を恐れない、いわば〝図太い神経〟を培うのに「嫌われる勇気」を発揮していきます！

03

伸びる新人は、「ワーク・ライフ・バランス」に逃げ込まない

＼よくある誤解／

「ワーク・ライフ・バランスって、これからの時代の大きなテーマですよね。皆も、公私のバランスよく仕事をしていきたいといっていました」

「ボクはとにかく趣味優先です。バリバリ働いてもきついだけですし、私生活が充実していないと仕事にも身が入らないですよ」

〝逃げの対応〟になっていないか？

繰り返しとなりますが、仕事以外に趣味や生きがいをもつのは決して悪いことではありません。人間には休息が必要であり、休息によって意識上の区切りができるからこそ、仕事での集中力をキープできる、という面は確かにあります。ワーク・ライフ・バランスに気を配り、しっかり休んでリフレッシュ。英気を養った上で仕事に集中していく、という最近の風潮は否定しませんし、むしろそうあるべきだとも考えます。

ただし、仕事上の悩みや、仕事における問題は、仕事でしか解決できないことは忘れないようにしましょう。何か業務上の問題や悩みがあったときに、そのストレスから目を遠ざけるために私生活を重視するのではいけません。それは、仕事が大変だからワーク・ライフ・バランスという言葉に逃げ込んでいるようなものです。

趣味などを楽しみ、職場ではない場所で仕事の悩みを解決したように思うことは、気持ちを紛らわせて問題を横に置いているだけです。問題は放置されているだけで解決はしていません。同じ問題が、職場では眼の前に存在し続けている状態なのです。

特に、仕事経験の浅い新人の皆さんが、ワーク・ライフ・バランスについて語るときには、現実の厳しさから逃避する対応になっていないか自問自答してみましょう。

「糧を得る場」は代用できない

一生、お金を稼いでいこうとするのであれば、糧を得る場としての会社や仕事からは逃げられません。であるならば、糧を得る場所は「もっとも代用が効かない場所である」ことを認識すべきです。

職場におけるつらさを、私生活で解消したつもりになっていると、一番メインにすべきところ、すなわちもっとも代用が効かない職場にどんどん行きづらくなります。何しろ、もともとの問題や課題は、何も解決されずにそのまま存在しているからです。これでは、そのうちに現在の職場でがんばること自体ができなくなります。

生活していくのであれば、どこかに生活の糧を得る場所が必要です。まずはいま糧を得ている場所を、自分にとってより充実したものにしていくことに力を注ぎましょう。

それには、負荷を受けてストレスを感じたときに仕事以外の部分へ目を向けるのではなく、直面している課題の一つひとつにしっかりと向きあっていくしかありません。

そして、課題に向きあって「体力的・精神的に、疲れたな」と思ったときには、休息の場として私生活で趣味や生きがいに打ち込み、リフレッシュしましょう。それはまったく問題ありません。その上で、再びしっかりと問題に向きあうことです。それがあるべき姿です。

もしも、仕事での自分のつらさを誤魔化すために「ワーク・ライフ・バランス」という言葉を使っているのであれば、即刻そんな考え方はやめましょう。そして、いまだ存在している眼の前の課題に向きあってください。

この対応が正しい

確かに、「糧を得る場」は私生活には存在しません。「ライフ」は「ワーク」におけるストレスを一時的に解消してはくれますが、根本的な解決はしてくれない——考えてみればあたり前です。今後も、「ワーク・ライフ・バランス」を言い訳に職場における責任から逃げないようにします。

04

伸びる新人は、インフルエンサーの情報発信を真に受けすぎない

＼よくある誤解／

「一人で生きていくって大事ですよね。ネットで△△さんもいってました。私も会社の奴隷にはならず、独立独歩でやっていきたいです」

「社員としてだけでなく、たとえフリーランスになってもやっていけるように、日頃から人脈をつくるのが一番の課題だと思っています。積極的にたくさんの人とつながれるように、SNSでの情報発信に日々努力しています」

あくまでも身の丈にあわせて取捨選択する

最近、一部の有識者、著名人、あるいはインフルエンサーなどと呼ばれる人たちが、「会社の奴隷になるな。会社がなくても生きていける存在になれ」といった類のメッセージを盛んに発信しています。

確かに、会社がなくても生きていける存在になることで、得られるメリットは大きいかもしれません。また、そのようになるのも決して悪くはないでしょう。会社とは関係なく評価される人材であれば、社内においても評価される可能性は高いからです。

しかし、私たちはそれぞれが置かれた立場で、それぞれの評価者から評価を得なくてはいけない存在である、という事実は何も変わりません。そうした人たちは、この同じ構造のなかで、より高い次元で、かつ、よりむずかしいフィールドでそれをやってのけているということを新人の皆さんは忘れてはいけません。

メディア上の有識者・著名人・インフルエンサーなどと、われわれ一般の社会人とには決定的な違いがあります。それは、彼らは「個」で直接的に社会や市場に対峙し、社会や市場というもっとも評価を獲得するのがむずかしい評価者から、現に評価を得ているということです。

彼らのように「個」で社会や市場に接し、評価を得られる存在は一握りしかいません。新人の皆さんは、まずはその点を理解する必要があります。新人の皆さんはもちろん、職場の上司や先輩社員でも、いまこの瞬間に「個」として社会に出て直接、市場と接したとき、そこで評価を獲得できる人材がどれだけいるでしょうか？　非常に少ないはずです。新人の皆さんであれば、まずいないでしょう。

情報発信される「強者の論理」

メディア上の有識者・著名人・インフルエンサーは、そうした「強者」の立場から、自分が感じていることを情報発信している、という現実を忘れてはなりません。それらの情報発信は、社会や市場からのより大きな反響を得るため、ときに必要以上に過激な表現になっていることもよくあります。

そうした情報発信は影響力が大きく、新人の皆さんも感化されることがあるでしょう。私も、それらの情報発信のすべてが間違っていると述べているわけではありません。

しかし、情報社会で「強者」の地位にいる人たちの「こうしたほうがいい」「これはするな」「会社の奴隷になるな」などといった助言は、立場が違う皆さんにそのままあててはまるものではない、という現実はあらかじめ認識しておくべきです。

つまり、インフルエンサーらの情報発信は、受けとる側の身の丈に照らしあわせて、取捨選択する必要があるということです。

これができていないと、実力が決定的に不足しているのに、強者の情報発信に変に影響されて人生を誤ってしまうことにもなりかねません。

たとえそうなっても、強者であり、あなたに対するいかなる責任も負っていない有識者・著名人・インフルエンサーは、何もしてくれないことも忘れてはいけません。

正しく「一人で生きる力」を身につけよう

新人の皆さんは、まだ実力が全然足りません。ですからいまこの瞬間は、直属の上司、すなわちあなたの評価者から評価を獲得することに集中すべきです。

会社という組織のなかで、直属の上司からの評価さえ獲得できていないのに、有識者・著名人・インフルエンサーと同じように難易度の高いステージで、多くの評価を得ることなどできません。

新人の皆さんは、いまの評価者である直属の上司に「どうすれば評価してくれますか?」と率直に聞いてみましょう。きっと、「まず眼の前の仕事を完璧にこなせ」ときちんと教えてくれます。

組織のなかで、どうすれば評価してもらえるかを明確に理解した状態で、求められている成果を出そうと努力し、それでもよい評価を獲得することはなかなかむずかしいものです。まだそういう状態の人(つまり新人)が、本当に「個」で社会や市場に対峙したとしても、評価を獲得するのは困難です。

本当に「一人で生きる力」を身につけたいのであれば、まずはいまこの瞬間の自分の評価者が誰かを特定し、その評価者が求める成果が何かも確認し、自分に課された責務を果たして、眼の前にある仕事で、組織内での評価を獲得することが第一歩です。有識者・著名人・インフルエンサーの多くも、最初はそれぞれの組織で、ずば抜けた成果を上げてきた人たちであることも把握しておいてください。

新人の皆さんは、現在の立場からいきなり彼らのような高い評価を得られる「強者」にはなれません。独立するかしないかは、まずはいまの職場でも高い評価を得られるようになってから考えればいいのです。

最終的に彼らのようになることを目標にするとしても、いまこの新人というタイミングでは、直属の上司からの評価を獲得することの延長線上にしか、その目標の達成はないのだと肝に銘じましょう。

この対応が正しい

会社に属するか一人で生きていくか、という選択の問題ではなく、一つひとつの評価の積み重ねの延長線上に「一人でも生きられる力」があるんですね。会社という〝看板〟を外して、市場からの評価を自力で獲得できる力がいまの自分にあるのか冷静に考えれば、まだまだ非現実的だと思います。まずは眼の前の仕事に集中して、実力を高めることを最優先にします。

05

伸びる新人は、夢から逆算しない

＼よくある誤解／

「夢をもつことは大事だよ。夢があるからがんばれる。人って、そういう生きものだと思う。皆も、まずは仕事上の夢をもとうよ！」

「ビジネスで成し遂げたい夢から逆算して、人生の方向性を決定したほうがいい。それによって、いま何をすべきかが明確になる」

仕事での夢はどんどん変わっていくのが普通

新人の皆さんのなかにも、「将来、こうありたい」という淡い夢を思い描いている人は多いでしょう。もちろん、私自身にもいろいろな夢があります。夢をもつこと自体は、決して悪いことではありません。

しかし夢とは、「自分の人生はこういう姿勢で生きていきたい」「一生のうちにこういう存在になりたい」などといった強い想いです。たとえば「はい、では皆さん、夢を考えてください」といわれて、すぐに出てくるものではありません。もちろん、無理にひねり出すべきものでもありません。

そして、特に仕事における夢は、日々の経験のなかで変化していくものだと私は考えています。いったん抱いた夢も、その先の経験によって徐々に変わっていくのです。

仕事で経験を積み、しだいに視野が広がっていくにつれて、これまでは知らなかった世の中のことを知ったり、社会情勢の変化に気づいたりします。すると、「こっちのほうが有望ではないか?」とか「こっちのほうがカッコイイ!」などと感じることも増えていき、そのつど「夢」も変わっていくのが自然ではないでしょうか?

新人である現在、皆さんが抱いている仕事上の夢、あるいは目標といい換えてもいいですが、とにかくその「夢」を将来もそのまま抱き続けることは、実際にはそれほど多くありません。新人の段階では、将来自分がどんな夢をもつのか自分でもわからないのが実情なのです。

夢につながっていない仕事などない

ところが、世間では入社当初の「夢」を絶対視し、ビジネスのキャリアもその夢の実現から、逆算して積み重ねていくべきだ、とする意見が結構あります。そういう夢を全員がもつべきだ、とする意見です。

この考え方は、ほとんどのケースでは実態にあてはまらず、むしろ本当の意味で夢を実現しようとするとき、邪魔になるのではないかと私は考えています。

なぜなら、会社という組織においては、最初から（現在の）夢の実現に直結する仕事ができているという新人は、あまりいないと思われるからです。

新人はまだまだ発展途上の存在ですから、会社のなかでさまざまな業務を担当して経験を積む段階にあります。特に日本の伝統的企業では、新人はそうしてしばらく多様な経験を積み重ねていき、何年か経ってから、本人の特性や希望とあわせて特定分野のキャリアに進んでいくことがよくあります。

このとき、入社当初に抱いていた夢を絶対の存在にしてしまうと、夢の存在が言い訳の材料に使われやすくなります。「いまの仕事は、自分の夢につながっていないからやる気が出ない」とか、「こんなことをやっていても、自分の夢には到達できない。だから、この仕事には全力は出さず、ほどほどにこなすだけでいいや」などとなってしまうことが結構あるのです。

仕事上の夢を、最初から固定されたものとしてしまうと、このようにいま眼の前にある仕事に向きあう際の障害となりかねません。そのため新人段階では、あまり固定された夢はもたなくてもかまいません。

仕事で本当に価値ある夢をもてるようになるには、ある程度の経験を積む必要があります。仕事における経験をまだほとんど積み上げられていない新人段階では、ぼんやりとした希望ぐらいで十分です。

実際にほとんどの人は、自分の夢を自然発生的に抱くことができるようになるまでは、眼の前の仕事に一生懸命に取り組んでいます。そして、さまざまな経験を積み重ねていったあるとき、「あ、これを私の夢（目標）にしよう！」という瞬間を迎えるのです。

「夢」に対しては、新人のうちはこれくらいのスタンスでつきあうのがおすすめです。そうやって経験を重ねた末に生まれた夢に向かって突き進むことで、人はさらに成長するのです。

なお、ごく一部の人は、若い頃から明確に夢をもち、それを叶えています。また、それがメディアでとり上げられることもあります。しかし、そういう人たちは皆さんの年代になる前に、何か強烈な経験をして、それが夢をもつきっかけになっているケースがほとんどです。あえて、みずから「夢をもとう」として夢を決めたわけではありません。

この対応が正しい

キャリアプランをつくるために無理に夢をひねり出すと、かえって夢の実現の邪魔になることもあるんですね。意外でした。自分は、まずはさまざまな業務経験を積みつつ、どんな方向に進んでいきたいかじっくり考えることにします。

Chapter 5

伸びる新人は何が危ないかを間違わない

伸びる新人の「恐怖のコントロール」

01 伸びる新人は、仕事で「危ないこと」を間違わない

仕事での「危ない」とは、どんなことか

ビジネスでは組織の一員として「何が危ないか」を間違えず、危険なときには「危険だ、怖い」と的確に判断できることも必要とされる資質です。

恐怖や不安といった感覚は、危険を回避するために備わっている生理的な本能です。恐怖や不安の感覚がなかったら、皆さんが毎日通っているオフィスに、事故なく通勤するこ

とさえできないかもしれません。無傷のままで、会社にある自分の席までたどり着くことは困難でしょう。常に恐怖や不安のセンサーを使い、危険な物事を回避しているからこそ、私たちは「やるべきことができている」のです。

しかし、この恐怖や不安の感覚が狂っていると、思わぬところで足もとをすくわれて、逆に新人の皆さんや会社が危険に陥ることがあります。仕事では、何が危ないのか、何が危なくないのかを正しく判断できなければ、余計なトラブルにみずから突っ込んでいきかねないのです。

ビジネスでの危険と、生活での危険は違う？

たとえば、新人の皆さんに「最近、仕事のなかで何か怖いとか不安に感じたことがありますか？」と、先入観のないフラットな状態で聞くと、「上司に怒られて怖かった」とか「ミスをしてお客さまを怒らせてしまうのではないかと怖かった」「同僚に迷惑をかけるのではないかと不安に思った」という具合に、いろいろな〝怖い・不安・危ない〟経験を語ってくれます。

しかし、往々にしてその回答は間違っています。ビジネスでの危険と、普通の生活での危険は少し毛色が違いますから、自然な感覚に従うだけでは間違えてしまうことが多いのです。

そこで、この最終チャプターでは、組織内で発生するさまざまな危険について、どんなものが本当に〝危ない〟のか詳しく解説していきます。これまでの各チャプターでの解説とかぶる部分も多少ありますが、参考にしてもらいたいと思います。

02 新人が仕事で失敗することは危なくない

何もしないほうが、はるかに危ない

多くの人は、仕事で何かの失敗をすることを非常に恐れます。しかし、それは感覚がまったく逆になっていることを、まず認識しましょう。

本書では、「とにかく実行して、失敗し、それを修正することが成長につながる」と繰り返し述べてきました。それを先ほど述べた恐怖や不安のセンサーと紐づけて考えてみれば、「何もやらずに時間が経過していくこと」に対してこそ、「危険」を感じなくてはならない、という結論になります。

特に新人の皆さんは、どれだけ多くの失敗を経験できるかが「成長の幅」になります。もちろん失敗を前提にして何かを実行するというのは成長につながりませんが、実行しないことこそが何より危険なことなのです。

新人は、自分が「これでいく」と決めたら、とにかく実行する。そして、速やかに失敗するくらいでいいのです。そこであれこれとリスクを考えて、何もせずに時間がすぎて成長が遅れてしまうことをこそおそれてください。

ここで、ほとんどの人が懸念するのは、「失敗したら会社に迷惑をかけるのではないか」ということですが、これもすでに述べたように、新人が失敗すること自体は会社にとって想定の範囲内です。余計な心配は無用です。

会社全体も何もしないままでは衰退する

ちなみに、この危険や不安の基準は新人でなくなってからも基本的には同じベクトルで維持すべきです。

もちろん経験を積みベテラン社員となった段階では、会社は皆さんの失敗を想定してはいません。そのため、新人時代のようにとにかく早く動く、という段階とはフェーズが異なってきます。

しかし、失敗のリスクばかりを考えて結局何もしない人材ばかりがそろっている組織では、現在の変化の速い社会・市場ではやがてとり残されて衰退してしまいます。よくいわれる「ゆでガエル」のたとえどおり、外に飛び出すリスクを恐れてじっとしていると、ゆっくりとゆでられてしまうわけです。

これは新人の皆さんにはまだ関係ない話ですが、あくまで参考として紹介しました。

03 新人にとって、上司からの評価が下がることは危ない

自身の評価者を間違うことは非常に危険

新人の皆さんの学生時代に、たとえば部活でレギュラーになりたいと思ったら一生懸命努力しましたよね？　そのときに、「こんなにがんばっているのに何で試合に出られないんだ」とか、「あいつより、自分のほうがうまいはずだ」という気持ちになったこともあったかもしれません。

しかし、そのような自己評価をいくら展開しても、無駄だったはず。レギュラーを誰にするかを決めるのは監督です。監督からの評価を獲得しなければ、レギュラーにはなれず、試合に出ることもできません。

この部活の例では、「レギュラーになる」「試合に出る」といったことが、あなたが得たい対価でした。こういった対価が確定した瞬間に、「誰からの評価を獲得しなければいけないか」も同時に確定します。そして、原則としてこの構造から抜けたり逃げたりすることはできません。

同様に、「会社の社員になる」と選択した瞬間に、新人の皆さんは「その会社からの評価を獲得しなくてはならない」という構造が確定します。また、評価者は直属の上司であることも確定します。そして、新人の皆さんが会社から獲得したい対価（給与や福利厚生など）も確定するのです。

その会社にいることを選択している以上は、直属の上司から評価を獲得しなければ、会社における対価、すなわち給料やボーナスはもちろんのこと、「自分のやりたい仕事をできる」とか「自分自身を成長させる経験をする」といった対価が得られなくなります。であるならば、上司からの評価が下がってしまう状態には、大いに〝危険〟を感じなくてはなりません。

周りから評価されていれば安全か？

ところが、上司からの評価が十分に得られていない状態でも、お客さまや同僚、隣の部署の上司などから「よくがんばっているね」とか「お前のところの上司がよくないんだよ」「おれは君を評価しているぞ」などといわれるケースがあります。そのようにいわれると、本人は「評価者（直属の上司）以外の人からの評価は獲得できている」という感覚をもってしまいます。

「上司には認められていないけれど、お客さまには褒められているから大丈夫。自分は危なくない」などと勘違いしてしまうのです。

しかし、それは大いなる錯覚です。

会社で新人の皆さんの評価を決めるのは、あくまでも直属の上司です。直属の上司からの評価を獲得できなければ、ほかの誰から評価を得たとしても、組織内での皆さんの評価は下がり、待遇もよくなりません。この「あたり前の事実」を、正しく理解しておく必要があります。

社長も市場の評価からは逃れられない

これも余談ですが、実はこの危険や不安の感覚は、社長も同様にもつべきものです。社長の評価者は市場や顧客です。たとえ自分では自分の行っている事業を最高だと評価していたり、あるいは経営者仲間に賞賛されていたりしても、市場や顧客からの評価を獲得できなければその会社の成長はありません。

つまり誰もが、そのとき、それぞれの場面において、誰から評価を獲得しなくてはいけないかは常に決まっているのです。この事実からは、社長ですら逃れられないのですから、新人も当然、同じ構造のなかにいるというわけです。

04

新人にストレスがかかることは危なくない

成長する以上、ストレスは避けられない

「会社でのストレスに耐えられないときがあります。なぜ、私だけこんなにつらい思いをしなきゃいけないのか……と」

「ストレスなく仕事生活を続けていければ、万々歳です。それで昇進していけたら、いうことはありません」

このように、一般的には仕事上でも過度なストレスは避けたほうがいいと理解されています。ただ、こと現実のビジネスにおいては、ストレスがかかっている状態を無理やりストレスがない状態にもっていこうとすると、逆に危険になる場合がありますので注意が必要です。

「ストレスと成長の関係」について少し考えてみましょう。

成長とは、「できなかったことができるようになること」です。みずから成長していこうと思ったときには、「自分ができていないこと」を認識し、また失敗した事実と向き合い、到達地点とのギャップを把握することがスタートとなります。

そして、できていないことをやろうとするときには、ストレスがかかります。つまり、新人の皆さんがストレスなく成長することは不可能なのです。

これは、「いままでさまざまな分野で成長してきた経験のなかで、自分にストレスがかからなかったことがあるか？」と考えていただければ納得できるはずです。

たとえば受験勉強で成績を上げようとしたとき、ストレスがまったくかからなかったことはないはずです。運動でも、「こういう技能を身につけたい」「レギュラーになりたい」と思ったとき、ストレスをかけずに技能を向上させたりレギュラーになれたりしたことがあったでしょうか？　よほどの天賦の才能でもなければ、そんなことは不可能です。

できなかったことができるようになるときには、必ずストレスがかかります。仕事においても、新人の皆さんにある程度のストレスがかかっている状態は正常なのです。伸びるためにある程度のストレスがかかるのは、まったく危険ではなく、このストレスは成長する以上、一生かかり続けます。この現実からは逃げてはならず、また逃げられません。

ストレスがかからないようにうまくやろうとしている状態のほうが、実は成長しない方向に自分をもっていっていることになるので、ビジネスキャリアの観点からすると危険なのです。この点は誤解されていることが多いので、よく認識しておいてください。

迷いが生じている状態は危険である

なお、ストレスには「できなかったことができるようになるとき」に生じるもののほか、「迷い」によって生じるものがあります。

この後者のストレスは非常に危険なため、即刻解消する必要があります。

たとえば、○○大学に受かるためには「英語の点数をあと50点上げないといけない」という状態にあるとします。

このとき、とにかく「単語をあと500個覚えなくてはいけない」と先生に目標を設定されれば、それをやらなくてはいけないというストレスはあるものの、目標は明確なので一生懸命がんばれます。これは、成長するために通過しているストレスなので、いいストレスです。

しかし、英語の点数が上がらないが、それを改善するにはどうしていいかわからない。「単語の勉強をやったほうがいいのか、長文読解をやったほうがいいのか、いや文法なんじゃないか……」などと迷っている状態で生じるストレスは、どこにも向かっておらず、ただ迷うことによって生じているものなので、悪いストレスとなります。こうした状態は、できるだけ早く解消すべきでしょう。

もし、あなたも仕事で、この瞬間にどの方向にがんばるべきなのか走る方向がわからない状態にあるのであれば、上司に相談して、いま自分が陥っている状態を解消するにはどういう結果に向かって努力をすればよいか、ゴールや指針を設定してもらうようにしましょう。それが正しい対応です。

「迷いのストレス」はメンタル不調につながる可能性も

ストレスと仕事に関しては、近年、ストレス過多を理由としてメンタルヘルスに不調をきたす人が多いようです。

その原因の一つは、ここで述べた「迷いによるストレス」にあるのではないかと私は考えています。目標やめざすべき方向が見えず、迷ってしまっている状態では、何をすればば現在のストレスから抜け出せるかがわかりません。先が見えないために、メンタル面の不調を誘発しやすくなっているのではないでしょうか。

自分ではなく、上司が小さなゴールを提示する

そうした状況での解決策の一つは、ゴールを明確に設定することになるでしょう。どんなに小さなゴールでもかまいません。ただし、比較的小さなストレスで達成できる目標を提示してあげることが重要です。これは自分で設定すべきものではなく、本来は直属の上司が設定すべきものです。

人の意識は、目標地点ができ、その目標に向けて走ることができるときには、正常に機能し続けます。一般には、メンタル不調の原因はストレスそのものや厳しい環境にあるかのように思われていますが、実はそうではなく、目標がないことが原因になっているのではないでしょうか？「目標がない状態で、先の見えないストレスがかかるために、どう

回避していいかがわからず混乱する」というメカニズムです。

これは新人ではなく、直属の上司に伝えるべきことですが、メンタル不調に陥っている部下・新人に対しては、メンタルの不調そのものに対処するのと同時に、その不調の原因である「目標のなさ」に対してもアドバイスをしたほうが効果的です。

学生時代に厳しい部活をやってきた人ならイメージしやすいと思いますが、ストレス自体が問題ならば、体育会系の部員の多くがメンタルに不調をきたしていると思いませんか？　しかし、現実はそうではありません。体育会系の部員の多くは、厳しくとも日々やることが明確なので、迷いません。つらいし、とてもしんどいけれども、毎日やることがハッキリしているので、メンタルの状態は正常なのです。こうした事例も、参考にしてみてほしいと思います。

05

新人にとって、同僚と仲がよくないことは危なくない

仲が悪いことは危険か？

「難局を乗り切るには、チームワークが何より大事だ。メンバーが互いに仲よく、コミュニケーションを密にして、次の目標に向かってとり組んでいこう！」

「居心地のよさがメンバーの仲のよさにつながり、それがエンジンとなってこそ、事業も軌道に乗せられる」

これも誤解です。

会社というコミュニティが存続する要件は何でしょうか？　もっとも重要な要件は、「常に顧客を獲得できている状態、顧客に価値を提供し、対価を得られている状態を維持すること」です。

また、その価値は何をもって提供されるのでしょう？　これは「事業の目的」を指し、「その目的が、会社を構成している社員に共有されていること」も会社存続の要件の一つです。

この二つが会社の存続要件ですが、ここに「社員の仲がよい」という要素はありません。会社とは、そもそも社員が仲よくすることを目的とした集団ではないので、たとえ仲が悪くてもまったく危険ではないのです。

本当のチームワークとは何か？　それは、社員それぞれがそれぞれの持ち場で与えられた役割をしっかりと責任をもって実行したとき、はじめて生まれてくるものです。個々のメンバーがそれぞれの責任を認識し、チームの目標に向かって努力すると、勝手に仲よくなるのです。

その目標はスポーツでいえば勝利であり、会社でいえば売上・利益目標の達成や生産性の向上、会社自体の成長です。これらを通して、〝結果として〟仲よくなっていくのです。

ですから、「仲よくする・仲よくなる」という要素を必要以上に考慮する必要はありません。社員同士の仲のよさを、自分の持ち場で「がんばる・がんばらない」の判断材料にしてはならないのです。

和（＝仲がよい状態）を目的化すると、利己的になる

では、新人の皆さんは、「仲よくする」という観点では、会社という組織のなかでどう振る舞えばよいのでしょうか？

仲よくなるための場やコミュニティに無理に参加するのではなく、その逆に、他人の悪口をいうコミュニティに参加するのでもなく、眼の前の仕事に集中し、同じように眼の前の仕事に集中している人のなかで仕事をしていくことです。

すると、本当の意味での信頼関係が生まれ、本当の意味で仲よくなる経験ができます。つまり、逆説的ですが、本当に仲よくなるためには仲のよい職場を目的にしないことが重要なのです。

仲がいい状態を皆が求め出すと、社員は総じて利己的になっていきます。仲がいいとは、その人と一緒にいて「居心地がいい」ことを指します。新人のあなたが仲のいい職場

を求めてしまうと、つい、職場に「居心地のよさ」も求めてしまい、居心地のよくない状態を生み出す人は排除するようになります。それは好き嫌いが行動原理になってしまうということです。

そして、居心地という価値観は社員一人ひとりで違うので、それぞれの社員がそれぞれの居心地を主張しはじめてしまいます。

こうなると、「職場の居心地がよくないこと」を、成果を出せなかったときの言い訳にするということも起こります。それは成長の阻害要因です。「和」を目的化することは、組織全体から考えても非常に危険なのです。

06

新人にとっては、成長しないことが一番危ない

マンモスを狩る前に「食べたい」という人

唐突ですが、いまが石器時代だとして、マンモスを「狩る」のと「食べる」のとではどちらが先になるでしょうか？　当然のことながら、「まず狩りをして、その後に食べる」となります。この順番はゆるぎない「事実の仕組み」です。あたり前ですが、獲物を狩る前に食べることはできません。

ところが、ビジネスでは「狩りにいく前に肉を食べたい」という人間が存在します。「集団でマンモス狩りに行くのは行くけれども、その前に肉を食べたい」という人材です。このように、「先に肉をください」という人が多くなると、本来、その集団はいずれ消滅してしまいます。

現代の社会においては、狩りの技能をもたない新人の皆さんは、残念ながら「マンモスを狩る前に肉を食べたい」といっている人です。しかし、その新人の皆さんに対して、現代社会の経済や企業の仕組みが、「先輩や上司が獲得してきた肉を、新人に食べさせる」という構図をつくり、維持可能にしています。

つまり、いまはまだ「狩る」という成果を出せない新人の皆さんは、「事実の仕組み」からすると本来は食べられないはずなのです。

そうした状況を脱するには、新人の皆さんは今後、いま支払われている初任給以上に狩るという成果を残さなければなりません。早急に成長して、成果を残す存在になる必要があります。

会社は新人の皆さんに対して、いまはまだ「ほぼ赤字だろう」と思いながら給料を支払っています。それは必ず理解しておきましょう。会社は新人の失敗を前提にしてはいますが、「新人だから、しばらくは成果が上がらなくてもしかたがない」と思うのは、危険な考え方なのだと認識しておいてください。

「新人だから安全」は続かない

新人は一刻も早く成長し、優秀な狩人になっていかない限り、ずっと赤字、つまりただ食べるだけの存在です。すると、そのままでずっと職場に所属し続けることはしだいにむずかしくなっていきます。

1日でも早く成長し、1日でも早く給料以上の対価を獲得できる存在になっていくことが大事です。

仕組みに守られているうちは新人は安全ですが、新人でなくなれば、もう安全ではありません。入社して1年後の春には、新たに新人が入社して、皆さんは新人ではなくなります。タイムリミットが迫っていることを、決して忘れないようにしてください。

成長の方向性を正しく捉えて飛躍しよう

今後の長い社会人人生においても、皆さんが手にする対価（給料）以上の成果を発揮できない状態を、長く続けることはできません。逆に会社に対して、獲得する対価以上の価値やメリットを提供できる人は、会社や社会に対して多くの「貯金」をしていることになります。最終的には、そういう人のところにより多くの利益が集まってきます。

そして、これから新人として成長していく際に、成長の定義や方向性を間違わないようにすることにも気をつけてください。何度も述べましたが、成長とは「できなかったことが、できるようになること」です。世の中に流れる情報量が桁外れに大きくなるなかで、つい「知っている」だけで価値があるように錯覚してしまいますが、重要なのは実際に「できること」や「できたこと」が何なのかです。

また、これも繰り返しですが、自己満足や自己評価をしてはいけません。あくまでも、自分の評価者からいま求められていることに焦点をあわせ、提示されたハードルを一つ、また一つと越えていくことを成長と捉えてください。

本書によって、皆さんがこれから長く続いていく社会人生活において、比類のないスタートダッシュを実現できるよう願っています。

〈著者略歴〉　**冨樫 篤史**（とがし・あつし）

株式会社識学 主席研究員、新規事業開発室長
組織コンサルタント、MBA（経営学修士）

1980年、東京都生まれ。2002年、立教大学卒業。現東証一部の株式会社ジェイ エイ シー リクルートメントに12年間勤務し、管理職、幹部クラスの人材斡旋を通して、企業の課題解決に従事。名古屋支店長や部長職などを歴任し、30名～50名程度の組織マネジメントに携わる。株式会社識学には、設立初年度である2015年に参画、大阪支店の立ち上げを経て現職。本書が初の著書。

〈監修者略歴〉　**安藤 広大**（あんどう・こうだい）

株式会社識学 代表取締役社長

1979年、大阪府生まれ。2002年、早稲田大学卒業。株式会社NTTドコモを経て、2006年にジェイコムホールディングス株式会社（現：ライク株式会社）に入社。主要子会社のジェイコム株式会社（現：ライクスタッフィング株式会社）で、取締役営業副本部長等を歴任。2013年、「識学」と出会い独立。識学講師として、数々の企業の業績アップに寄与する。2015年、識学を1日でも早く社会に広めるために、株式会社識学を設立。設立4年で約1000社の企業にコンサルティングを行い、2019年2月には東証マザーズにスピード上場を果たす。「日経ビジネス」などのビジネス誌、「ダイヤモンド・オンライン」「プレジデント・オンライン」などのビジネスサイトにも多く寄稿。著書に『伸びる会社は「これ」をやらない！』『できる課長は「これ」をやらない！』（小社刊）がある。

制作にあたっては万全の注意を払っておりますが、万一、本書の内容に関する訂正がある場合は、発行元ホームページ（www.subarusya.jp）の「訂正情報」コーナーで、訂正箇所を公表いたします。

編集担当 ―――― 菅沼 真弘（すばる舎）
編集協力 ―――― 菱田編集企画事務所
装丁 ―――― 華本 達哉（aozora）
本文デザイン・イラスト ―――― イノウエプラス

伸びる新人は「これ」をやらない！

2019年 8月 17日 第1刷発行
2021年 6月 7日 第2刷発行

著　者――冨樫 篤史
監修者――安藤 広大
発行者――徳留 慶太郎
発行所――株式会社すばる舎
〒170-0013 東京都豊島区東池袋3-9-7 東池袋織本ビル
TEL 03-3981-8651（代表） 03-3981-0767（営業部）
振替 00140-7-116563
URL http://www.subarusya.jp/
印　刷――図書印刷株式会社

ISBN978-4-7991-0791-1